Gemüsegerichte ohne Schnickschnack

EDITION XXL

Inhalt

Vorwort

Zu Großmutters Zeiten war Gemüse ein Hauptbestandteil der täglichen Ernährung. Die meisten Gemüsesorten wurden im heimischen Garten angebaut und landeten immer frisch im Kochtopf oder wurden für den Winter konserviert. Fleisch und Fisch waren damals teuer und nicht immer verfügbar, weshalb sie – außer an Sonn- und Feiertagen – eine Nebenrolle spielten. Mit dem gesellschaftlichen Wandel der letzten Jahrzehnte änderten sich auch die Essgewohnheiten: Das Fleisch übernahm die Hauptrolle und das Gemüse wurde zeitweise fast schon zum Statisten degradiert.

Glücklicherweise ist seit einigen Jahren wieder ein Umdenken zu verzeichnen. Immer mehr Menschen legen großen Wert auf eine gesunde, nachhaltige und dabei schmackhafte Ernährungsweise. Und so mancher besinnt sich nun wieder auf die köstlichen Gerichte aus der Kindheit, welche die Großmutter aus Schwarzwurzeln, Roter Bete, Mangold, Kohlrabi oder Rosenkohl gekocht hatte …

Mit den Rezepten, die ich in diesem Kochbuch für Sie zusammengestellt habe, können Sie die Erinnerung wieder wachrufen und gleichzeitig gesund und lecker essen. Die Gerichte sind einfach und ohne großen Aufwand zu kochen und enthalten weder teure noch komplizierte Zutaten – ohne jeglichen Schnickschnack!

Überraschen Sie Ihre Familie oder Ihre Gäste doch einmal mit gefüllten Mairübchen, mit Pastinakenpüree oder Wirsingrouladen. Und freuen Sie sich über das Kompliment: „Das schmeckt ja wie bei Oma!“

Viel Freude beim Kochen wünscht Ihnen

Elisabeth Bangert

Ratgeber

Die Küchenausstattung

Um die Gerichte aus Großmutters Gemüseküche nachzukochen, benötigen Sie keine ausgefallenen Gerätschaften. Es genügt die übliche Küchenausstattung, wie Töpfe, Pfannen, Messer, Schneidebrett, Knoblauchpresse, Sieb, Kochlöffel, Schöpfkelle, Pfannenwender und Pürierstab. Statt eines Pürierstabs können Sie auch einen einfachen Kartoffelstampfer verwenden.

Alte Gemüsesorten

Einige Gemüsesorten, die früher auf dem Speiseplan standen, waren zeitweise fast in Vergessenheit geraten. Heute erfreuen sie sich zunehmender Beliebtheit und sind auf dem Wochenmarkt oder in gut sortierten Gemüsegeschäften erhältlich.

- Farbige Karotten

Außer den bekannten orangefarbenen Karotten gibt es noch gelbe und violette Karotten. Die gelben Karotten waren früher weiter verbreitet als die orangenen und schmecken etwas weniger süß. Die violetten sind eine Kreuzung aus der schwarzen Ur-Möhre und orangenen Karotten und schmecken süßer.

- Mairübchen

Die Mairübchen, auch Navetten genannt, gehören zu den Speiserüben. Wie ihr Name schon sagt, werden sie im Mai geerntet. Früher waren sie ein weit verbreitetes Frühlingsgemüse, das sich nun allmählich wieder den Markt erobert. Mairübchen haben einen zarten, leicht süßlichen Geschmack und eignen sich sowohl als Rohkost als auch für gegarte Zubereitungen.

- Pastinaken

Die Pastinake ist ein Wurzelgemüse, das früher zu den Grundnahrungsmitteln zählte – bis sie von der Kartoffel verdrängt wurde. Mit ihrem würzigen, nussig-süßlichen Aroma lässt sie sich hervorragend in Eintöpfen, als Suppe oder Püree, gerne auch in Kombination mit Karotten und Kartoffeln, verarbeiten.

- Petersilienwurzeln

Das Wintergemüse ist auch als Wurzelpetersilie bekannt. Sie ähnelt der Pastinake, ist aber etwas dünner. Die Blätter der Petersilienwurzel sind größer als die der „normalen“ Petersilie. Ihr Geschmack ist süßlich und intensiv, weshalb sie, auch als Bestandteil von Suppengrün, gerne zum Würzen von Suppen verwendet wird.

Worin unterscheiden sich Pastinake und Petersilienwurzel?

Auf den ersten Blick sind sich die beiden Wurzelgemüse zum Verwechseln ähnlich. Beide sind längliche helle Wurzeln mit bräunlichen Rillen auf der Schale. Sie gehören zur Familie der Doldenblütler und werden zeitgleich in den Wintermonaten angeboten. Beide Gemüsesorten können sowohl roh als auch gegart verwendet werden.

Der Unterschied liegt jedoch vor allem im Geschmack: Die Pastinake hat ein nussig-süßliches Aroma und einen höheren Zuckergehalt als die Petersilienwurzel. Das Aroma der Petersilienwurzel ist kräftiger und würziger – sie schmeckt eher nach Petersilie. Man erkennt die Petersilienwurzel auch am Geruch: Sie riecht stark nach Petersilie. Äußerliche Unterscheidungsmerkmale sind der dickere Kopf und der vertiefte Blattansatz der Pastinake, der sich bei der Petersilienwurzel eher nach oben wölbt.

- Steckrüben

Nachdem die Steckrübe, auch Kohlrübe oder Erdkohlrabi genannt, in Kriegs- und Hungerszeiten häufig die einzige Nahrung war, wurde sie lange Zeit regelrecht geschmäht. Zu Unrecht, denn Steckrüben haben einen hohen Nährstoffgehalt, wenig Kalorien und einen angenehm-süßlichen Geschmack. Als Püree oder in Suppen und Eintöpfen sind sie heute wieder häufiger ein beliebter Bestandteil der Winterküche.

Inhaltsstoffe

Nachdem Gemüse jahrzehntelang vor allem als Beilage serviert wurde, hat man mittlerweile seine Bedeutung für die Gesundheit erkannt und empfiehlt, täglich mindestens zwei Portionen zu verzehren. Gemüse enthält sehr viele Vitamine, Mineralstoffe und sekundäre Pflanzenstoffe bei sehr geringem Kaloriengehalt, außerdem Ballaststoffe, die die Verdauung fördern. Besonders hoch ist in den meisten Gemüsesorten der Gehalt an Vitamin C und Vitamin K sowie an den Mineralstoffen Kalium, Phosphor, Magnesium und Eisen.

Rohes Gemüse hat den höchsten Gehalt an Wirkstoffen, da beim Kochen einige der wertvollen Inhaltsstoffe verloren gehen. Allerdings ist rohes Gemüse für viele Menschen schwer verdaulich, weshalb ein schonendes Garen eine gute Alternative ist. Es gibt sogar Gemüsesorten, die gekocht werden müssen, damit sie überhaupt genießbar sind. Sie enthalten Giftstoffe, die durch das Erhitzen unschädlich gemacht werden. So müssen z. B. grüne Bohnen mindestens 15 Minuten gekocht werden, damit der Eiweißstoff Phasin zerstört wird. Roh gegessen verursachen die Bohnen schwere Vergiftungen.

Als Folge des Einsatzes von Dünge- und Unkrautvernichtungsmitteln enthält Gemüse oft gesundheitsschädliche Stoffe, wie Nitrate und Pestizide. Um den Gehalt dieser Stoffe zu verringern, ist es empfehlenswert, das Gemüse gut zu waschen, zu schälen, die äußeren Blätter zu entfernen und es zu kochen. Am besten ist es aber, Sie verwenden biologisch angebautes Gemüse, das in der Regel nicht oder kaum schadstoffbelastet ist. Biogemüse ist auf dem Markt, im Bio-Fachhandel und mittlerweile auch in vielen Supermärkten erhältlich.

Schonendes Garen

Um die zahlreichen gesunden Inhaltsstoffe von Gemüse beim Garen weitmöglichst zu erhalten, sollten Sie Folgendes beachten:

- Verwenden Sie möglichst wenig Wasser und geben Sie das Gemüse erst hinein, wenn es kocht.
- Garen Sie das Gemüse nur kurz. Es soll noch knackig sein und nicht „totgekocht".
- Lassen Sie das Gemüse nach dem Kochen nicht im Wasser liegen und verwenden Sie das Kochwasser zur Herstellung von Soße oder Suppe, da es wertvolle, gelöste Inhaltsstoffe enthält.

Einkauf

Generell gilt für den Einkauf von Gemüse: Je frischer, desto gesünder und schmackhafter. Da bei langer Lagerung viele wertvolle Inhaltsstoffe verlorengehen, sollten Sie darauf achten, dass das Gemüse keine welken Blätter hat und keine braunen Stellen aufweist. Kaufen Sie vorzugsweise saisonale und heimische Gemüsesorten und möglichst in Bio-Qualität. Auf dem Wochenmarkt werden in der Regel Waren aus der Region angeboten, die weder lange transportiert noch lange gelagert wurden. Wann welche Gemüsesorten regional frisch erhältlich sind, können Sie dem Saisonkalender am Ende des Buches entnehmen. Worauf Sie besonders achten sollten:

- Blumenkohl sollte schön weiß sein und keine braunen Stellen aufweisen.
- Bohnen müssen prall sein und beim Brechen knacken. Wenn sie sich biegen lassen, sind sie schon alt.
- Brokkoliröschen müssen grün sein und dürfen keine gelblichen Stellen aufweisen.
- Erbsenschoten müssen ebenfalls grün und nicht gelblich sein. Alternativ tiefgekühlte Erbsen kaufen.
- Fenchel darf keine bräunlich verfärbten Außenblätter haben.
- Gurken sollten prall und fest sein. Weiche Stellen deuten auf baldige Fäulnis hin.
- Kartoffeln dürfen nicht übermäßig viele Keimansätze haben. Beim Kauf von Kartoffeln sollte man außerdem die Zubereitung berücksichtigen: Für Pell-, Salz- und Bratkartoffeln eignen sich die vorwiegend festkochenden Sorten und für Püree, Suppe oder Klöße die mehligkochenden.

- Mangold- und Spinatblätter dürfen nicht welk sein.
- Rosenkohlblätter müssen eng am Röschen anliegen und dürfen nicht gelb und welk sein.
- Spargelstangen sollten möglichst tagesfrisch gekauft werden. Frischer Spargel quietscht, wenn man die Stangen aneinander reibt. Drückt man mit dem Fingernagel in das Schnittende, sollte Saft austreten.
- Die typischen Suppengemüse Sellerie, Lauch, Karotte und Petersilienwurzel werden praktischerweise als Suppengrün im Bund angeboten, was meist genau der Menge entspricht, die man für Suppe oder Eintopf benötigt.

Lagerung

Gemüse verliert mit jedem Tag der Lagerung an Inhaltsstoffen, deshalb sollte man es möglichst frisch verwenden. Kaufen Sie also nicht zu große Mengen ein. Wenn es doch gelagert werden muss, dann möglichst dunkel und kühl, da auch Tageslicht Nährstoffe und Vitamine zerstört. Ideale Aufbewahrungsorte sind das Gemüsefach des Kühlschranks oder ein kühler Keller. Dort halten sich die meisten Gemüsesorten zwischen zwei und fünf Tagen. Im ungeheizten Keller können Zwiebel und Karotten länger gelagert werden, Kartoffeln sogar bis zu einem halben Jahr.

Auf keinen Fall sollte man Gemüse vor der Lagerung waschen, da es dann schneller verdirbt. Am besten lagert man es in trockenen, durchlüfteten Behältern, in Kisten oder in Papier. Spargel werden mit einem feuchten Tuch umwickelt.

Vorbereitung

Bei der Vorbereitung von Gemüse sollten Sie einige Dinge beachten, damit auch bei diesem Schritt die Nährstoffe weitestgehend erhalten bleiben: Bereiten Sie das Gemüse erst unmittelbar vor der weiteren Verwendung vor. Benutzen Sie zum Schälen einen Sparschäler, um möglichst wenig Schale abzuschneiden. Da auch Sauerstoff Inhaltsstoffe zersetzt, darf man das geschälte und gewaschene Gemüse nicht lange liegen lassen.

Auch sollte man aus dem gleichen Grund beim Zerkleinern darauf achten, dass die Stücke nicht zu klein sind – bei großen Stücken gibt es weniger Angriffsfläche für den Sauerstoff.

Gemüse „putzen" bedeutet allgemein, diejenigen Teile, die nicht essbar sind, zu entfernen sowie braune, unansehnliche oder faule Stellen wegzuschneiden. Bei allen Gemüsesorten, die geschält werden müssen, wird die Schale mit einem Sparschäler entfernt und die Enden werden abgeschnitten (z. B. bei Karotten, Kohlrabi, Gurken, Sellerie, Rote Bete und anderem Wurzelgemüse). Bei Kartoffeln entfernt man nach dem Schälen zusätzlich die grünen „Augen". Bei Kohl (z. B. Wirsing, Weißkohl oder Rotkohl) schneidet man den Strunk heraus und entfernt die äußeren Blätter, da diese oft welk sind. Letzteres ist bei Blumenkohl und Brokkoli nicht nötig: Hier werden lediglich eventuell vorhandene bräunliche bzw. gelbliche Verfärbungen weggeschnitten. Bei Bohnen empfiehlt es sich, die Fäden abzuziehen. Erbsen werden aus der Hülse gelöst, was auch „palen" genannt wird. Kürbis wird geschält (außer Hokkaido, der mitsamt der Schale verwendet wird) und die Kerne im Inneren werden entfernt. Die Kerne kann man weiter verwenden (siehe Tipp S. 31). Pilze putzt man am besten mit einer speziellen Pilzbürste oder reibt sie vorsichtig mit einem Küchentuch ab, anschließend schneidet man schadhafte Stellen weg. Bei Tomaten müssen die grünen Stielansätze herausgeschnitten werden, da sie giftiges Solanin enthalten.

30 Minuten

Gebratener Blumenkohl

Zutaten:

Für 4 Personen

1 Blumenkohl
3–4 EL Pflanzenöl
1 TL Senfkörner
½ TL Currypulver
50 g geschälte Mandeln
400 ml Gemüsebrühe
3 TL Soßenbinder für Gemüse
einige Petersilienblättchen
Salz, Pfeffer

Zubereitung:

1. Den Blumenkohl putzen, waschen und grob zerteilen. Die Blumenkohlstücke in Scheiben schneiden.

2. Unter vorsichtigem Wenden im heißen Öl portionsweise 1–2 Minuten braten. Mit Salz, Pfeffer, den Senfkörnern und dem Currypulver würzen. Die Mandeln kurz mit anbraten. Mit der Gemüsebrühe ablöschen und ca. 3 Minuten köcheln lassen.

3. Den Blumenkohl herausnehmen. Den Soßenbinder in die Flüssigkeit rühren und 1 Minute kochen. Nochmals mit Salz und Pfeffer abschmecken und mit der Petersilie bestreut servieren.

Blumenkohl mit Hackfleischsoße

50 Minuten

Zutaten:

Für 4 Personen

750 g Kartoffeln
1 Blumenkohl
2 Zwiebeln
1 EL Pflanzenöl
400 g gemischtes Hackfleisch
1 Msp. Chilipulver
2 TL Majoran
4 TL Bratenfond
4 EL Soßenbinder
2 EL Kapern
Salz, Pfeffer

Zubereitung:

1. Die Kartoffeln schälen, waschen und halbieren. In Salzwasser 20–25 Minuten kochen. Den Blumenkohl putzen, waschen und in Röschen teilen. Die Blumenkohlröschen in Salzwasser 12–15 Minuten garen.

2. Die Zwiebeln abziehen und würfeln. Das Öl in einer Pfanne erhitzen. Die Zwiebeln und das Hackfleisch darin anbraten. Das Chilipulver und den Majoran zugeben und kurz mit anschmoren. 500 ml Wasser angießen, den Bratenfond einrühren und 5 Minuten köcheln lassen.

3. Den Soßenbinder einrühren und 1 Minute kochen lassen. Die Kapern hinzufügen und die Soße mit Salz und Pfeffer abschmecken.

4. Die Kartoffeln und den Blumenkohl abgießen und alles zusammen mit der Hackfleischsoße anrichten.

40 Minuten

Grüne-Bohnen-Suppe

Zutaten:

Für 4 Personen

1 Zwiebel
250 g grüne Bohnen
250 g festkochende Kartoffeln
200 g Karotten
1 EL Rapsöl
1 l Gemüsebrühe
1 EL gehackte Petersilie
Salz, Pfeffer

Zubereitung:

1. Die Zwiebel abziehen und würfeln. Die Bohnen putzen, waschen und je nach Größe halbieren. Die Kartoffeln und die Karotten schälen, waschen und würfeln.

2. Die Zwiebeln im heißen Öl glasig dünsten, die Kartoffeln hinzufügen und kurz mitdünsten. Die Gemüsebrühe dazugießen. Die Bohnen und die Karotten dazugeben und zugedeckt bei mittlerer Hitze ca. 20 Minuten garen. Nach Belieben mit Salz und Pfeffer würzen.

3. Die Bohnensuppe mit Petersilie bestreut servieren. Dazu passt frisches Bauernbrot.

Tipp:

Eine herzhafte Variante erhalten Sie, wenn Sie kurz vor dem Servieren klein geschnittene Räucherwurst oder Wiener Würstchen hinzufügen.

Bohnen-Pfanne mit Kasseler

40 Minuten

Zutaten:

Für 4 Personen

500 g grüne Bohnen
500 g kleine festkochende Kartoffeln
1 EL Pflanzenöl
400 g Kasseler ohne Knochen
250 ml Gemüsebrühe
1 Bund Petersilie
250 g Schmand
1 EL heller Soßenbinder
Salz, Pfeffer

Zubereitung:

1. Die Bohnen putzen, waschen und in sprudelndem Salzwasser ca. 10 Minuten kochen. In kaltem Wasser abschrecken und auf einem Sieb abtropfen lassen. Die Kartoffeln schälen und waschen.

2. Das Kasseler in Streifen schneiden. Das Öl in einer Pfanne erhitzen und das Kasseler ca. 3 Minuten anbraten, dann herausnehmen. Die Kartoffeln in die Pfanne geben und rundherum goldbraun anbraten. Die Gemüsebrühe zu den Kartoffeln gießen, abdecken und ca. 10 Minuten kochen.

3. Die Petersilie waschen, trocken schütteln und fein hacken. Den Schmand in die Pfanne geben, aufkochen und mit dem Soßenbinder leicht binden. Die Bohnen und das Kasseler in die Soße geben und darin erwärmen. Die Petersilie unterrühren und die Bohnen-Pfanne mit Salz und Pfeffer abschmecken.

Tipp:

Dieser herzhafte Kuchen schmeckt auch sehr gut, wenn Sie den Brokkoli durch Blumenkohl ersetzen. Falls Sie es würziger mögen, können Sie statt Emmentaler einen kräftigeren Käse, wie z. B. Appenzeller, darüberstreuen.

Brokkolikuchen mit Tomaten

80 Minuten

Zutaten:

Für 4 Personen

Für den Teig:
300 g Weizenmehl
150 g kalte Butter
½ TL Salz

Für den Belag:
1 Zwiebel
500 g Brokkoli
3 Tomaten
5 Eier
250 ml süße Sahne
1 EL Pflanzenöl
100 g geriebener Emmentaler
gemahlene Muskatnuss
Salz, Pfeffer

Zubereitung:

1. Für den Teig das Mehl in einer Schüssel mit der in kleine Stückchen geschnittenen Butter verrühren. Das Salz und ca. 5 Esslöffel kaltes Wasser dazugeben und alles gut verkneten. Den Teig mit Frischhaltefolie abdecken und ca. 30 Minuten kalt stellen.

2. Den Backofen auf 220 °C (Umluft 200 °C) vorheizen.

3. Die Zwiebel abziehen und fein hacken. Den Brokkoli putzen, waschen und in kleine Röschen zerteilen. Die Tomaten waschen, vom Strunk befreien und in Scheiben schneiden.

4. Die Eier einzeln in eine Schüssel aufschlagen und mit der Sahne verrühren. Mit Muskatnuss, Salz und Pfeffer würzen.

5. Das Öl in einer Pfanne erhitzen und die Zwiebeln darin dünsten. Den Brokkoli hinzufügen und einige Minuten mitdünsten.

6. Eine Quiche- oder Springform (ca. 30 cm Durchmesser) ausfetten und mit dem Teig auslegen, dabei einen Rand von ca. 2 cm formen. Den Teigboden mit einer Gabel mehrmals einstechen.

7. Die Brokkoli-Zwiebel-Mischung auf dem Teig verteilen und mit den Tomatenscheiben belegen. Den Eier-Sahne-Guss darübergießen und alles mit dem geriebenen Käse bestreuen. Im vorgeheizten Backofen ca. 40 Minuten backen.

30 Minuten

Erbsen-Nudel-Topf

Zutaten:

Für 4 Personen

1 Topf Basilikum
250 g Schmand
300 g Erbsen (frisch oder tiefgekühlt)
400 g Nudeln
Salz, Pfeffer
nach Belieben 150 g Mini-Mozzarellabällchen

Zubereitung:

1. Die Basilikumblätter abzupfen. Etwa ein Viertel beiseitelegen. Den Rest mit der Hälfte des Schmands fein pürieren.
2. Die Erbsen mit 100 ml Wasser und dem restlichen Schmand zum Kochen bringen. Kurz aufkochen, dann bei geringer Hitze ca. 6–8 Minuten köcheln lassen.
3. Die Nudeln nach Packungsanweisung garen und abschütten.
4. Das Basilikumpüree unter die Erbsen rühren. Mit Salz und Pfeffer abschmecken. Mit Basilikumblättern bestreuen und mit den Nudeln servieren.
5. Nach Belieben die Mini-Mozzarellabällchen unter die Soße mischen.

Erbsencremesuppe mit Lachsstreifen

30 Minuten

Zutaten:

Für 4 Personen

1 Zwiebel
1 EL Butter
450 g Erbsen (frisch oder tiefgekühlt)
1 l Gemüsebrühe
2 Stiele Dill
100 g geräucherter Lachs
2 gekochte Kartoffeln
2–3 EL Sahnemeerrettich
Salz, Pfeffer

Zubereitung:

1. Die Zwiebel abziehen und würfeln. Die Butter erhitzen und die Zwiebelwürfel darin ca. 5 Minuten glasig andünsten. 200 g Erbsen dazugeben, mit der Gemüsebrühe ablöschen und ca. 10 Minuten köcheln lassen.

2. Den Dill waschen, trocken schütteln, 4 Spitzen von den Stielen zupfen, beiseite legen und den Rest fein hacken. Den Lachs in schmale Streifen schneiden.

3. Die Kartoffeln in die Suppe geben, fein pürieren und die restlichen Erbsen hineingeben. Die Suppe nochmals ca. 1 Minute aufkochen und mit Salz, Pfeffer und Meerrettich abschmecken. Den gehackten Dill unterrühren.

4. Die Suppe mit den Lachsstreifen und den Dillspitzen garniert servieren. Dazu passen Weißbrotscheiben.

75 Minuten

Überbackener Fenchel

Zutaten:

Für 4 Personen

1 Zwiebel
600 g Tomaten
4 Fenchelknollen
2 EL Pflanzenöl
150 g Camembert
Salz, Pfeffer

Zubereitung:

1. Die Zwiebel abziehen und fein würfeln. Die Tomaten waschen, vom Strunk befreien und grob hacken. Die Zwiebelwürfel in dem heißen Öl andünsten und die Tomatenstücke dazugeben. Bei mittlerer Hitze ca. 20 Minuten köcheln lassen und mit Salz und Pfeffer abschmecken.

2. Die Fenchelknollen putzen, waschen, vierteln und das Grün hacken. Die Fenchelviertel in reichlich kochendem Salzwasser ca. 20 Minuten garen, dann kalt abschrecken und abtropfen lassen.

3. Den Backofen auf 200 °C (Umluft 180 °C) vorheizen.

4. Den Camembert in kleine Würfel schneiden. In eine große, flache Auflaufform zunächst die Tomatensoße geben. Die Fenchelviertel hineinsetzen und die Käsewürfel darüber verteilen. Im Backofen ca. 25 Minuten überbacken. Mit dem Fenchelgrün bestreut servieren. Dazu passen Weißbrotscheiben.

Fenchelgemüse mit Putenspießen

55 Minuten

Zutaten:

Für 4 Personen

400 g Putenbrustfilet
2 EL Pflanzenöl
4 EL Zitronensaft
1 Knoblauchzehe
800 g kleine Kartoffeln
800 g Fenchel mit Grün
250 ml süße Sahne
1 EL Soßenbinder für Gemüse
Salz, Pfeffer

Zubereitung:

1. Das Putenbrustfilet der Länge nach in Streifen schneiden und wellenförmig auf Holzspieße stecken. 1 EL Öl mit 3 EL Zitronensaft verrühren. Die Knoblauchzehe abziehen und dazupressen. Die Putenspieße mit der Marinade bestreichen und mindestens 10 Minuten ziehen lassen.

2. Währenddessen die Kartoffeln schälen, waschen und in Salzwasser 20 Minuten kochen. Die Fenchelknollen putzen, waschen und längs vierteln. Das Fenchelgrün fein hacken. Den Fenchel in wenig Salzwasser je nach Größe 15–20 Minuten garen.

3. Die Putenspieße mit Küchenpapier abtupfen und in einer Grillpfanne im restlichen Öl von jeder Seite ca. 2 Minuten braten. Mit wenig Salz und Pfeffer würzen.

4. Die süße Sahne mit dem restlichen Zitronensaft verrühren und erhitzen. Den Soßenbinder einrühren und bei schwacher Hitze 1 Minute kochen lassen. Das Fenchelgrün unter die Soße rühren und zu den Kartoffeln, dem Fenchel und den Putenspießen servieren.

75 Minuten

Grünkohl mit Kasseler

Zutaten:

Für 4 Personen

2 kg Grünkohl
2 Zwiebeln
50 g Butterschmalz
500 ml Fleischbrühe
2 kleine Kochwürste
1 EL Pflanzenöl
1–2 TL Senf
300 g Kasseler ohne Knochen
1 kleiner Apfel
einige Thymianblättchen
evtl. Zucker
Salz, Pfeffer

Zubereitung:

1. Den Grünkohl putzen, waschen und die Blätter grob hacken. Die Zwiebeln abziehen und eine Zwiebel in Würfel, die andere in feine Streifen schneiden.

2. Das Schmalz in einem großen Topf erhitzen und die Zwiebelwürfel darin glasig dünsten. Den Grünkohl und die Fleischbrühe dazugeben und aufkochen. Die Kochwürste hinzufügen und zugedeckt bei schwacher Hitze 40–50 Minuten garen.

3. Inzwischen die Zwiebelstreifen in 1 TL heißem Öl andünsten, mit Salz und Pfeffer würzen und mit Senf und Thymianblättchen mischen. Das Kasseler so einschneiden, dass eine Tasche entsteht. Die Zwiebelmasse hineinfüllen und die Öffnung mit Holzspießen verschließen.

4. Den Apfel waschen, das Kerngehäuse entfernen und das Fruchtfleisch in Scheiben schneiden. Das Kasseler und die Apfelscheiben im restlichen Öl ca. 2 Minuten braten und warm stellen.

5. Den Grünkohl mit Salz, Pfeffer und nach Belieben mit Zucker würzen. Mit dem Kasseler und den Apfelscheiben servieren. Dazu passen Salzkartoffeln.

Tipp:

Frischen Grünkohl erkennen Sie daran, dass die Blätter eine kräftige grüne Farbe haben. Die Blattspitzen dürfen nicht welk oder sogar schon gelb verfärbt sein. Im Kühlschrank gelagert, ist Grünkohl ca. 5 Tage haltbar.

40 Minuten

Schmorgurken mit Pilzen und Schnitzel

Zutaten:

Für 4 Personen

1 Zwiebel
250 g braune Champignons
1 kg Schmorgurken
½ Bund Dill

4 dünne Putenschnitzel (à 150 g)
1 Ei
70 g grob geriebene Semmelbrösel

4 EL Mehl
4 EL Margarine
250 ml süße Sahne
Salz, Pfeffer

Zubereitung:

1. Die Zwiebel abziehen und in feine Würfel schneiden. Die Champignons putzen und halbieren. Die Gurken waschen, schälen, halbieren, mit einem Löffel entkernen und in Scheiben schneiden. Den Dill waschen, trocken tupfen und abzupfen. Die Schnitzel abwaschen, trocken tupfen, halbieren und mit Salz und Pfeffer würzen.

2. Das Ei in einem tiefen Teller verquirlen. Die Semmelbrösel und das Mehl jeweils in einen tiefen Teller geben. Die Schnitzelchen erst im Mehl, dann im Ei und anschließend in den Semmelbröseln wenden. Die Panade fest andrücken. Die Margarine in einer Pfanne erhitzen und die Schnitzelchen ca. 5 Minuten bei mittlerer Hitze von jeder Seite braten. Herausnehmen und warmstellen.

3. Die Zwiebelwürfel im restlichen Bratfett andünsten, das Gemüse dazugeben und ca. 10 Minuten bei mittlerer Hitze braten. Die Sahne dazugießen und kurz aufkochen lassen.

4. Das Gemüse mit dem Dill verfeinern, mit Salz und Pfeffer abschmecken und mit den Schnitzeln servieren.

Gurkensuppe

30 Minuten

Zutaten:

Für 4 Personen

800 g Schmorgurken
300 g Kartoffeln
1 Zwiebel
2 EL Pflanzenöl
1 l Gemüsebrühe
125 ml Crème fraîche
½ Bund Dill
Salz, Pfeffer

Zubereitung:

1. Die Gurken waschen, schälen, halbieren und entkernen. 150 g zur Seite legen und das restliche Fruchtfleisch in Stücke schneiden. Die Kartoffeln schälen und waschen. 100 g zur Seite legen und den Rest grob würfeln. Die Zwiebel abziehen und würfeln.

2. In einem Topf 1 Esslöffel Öl erhitzen und die Gurken-, Zwiebel- und Kartoffelstücke darin andünsten. Die Brühe dazugießen, aufkochen und ca. 10 Minuten garen.

3. Die restlichen Gurken und Kartoffeln fein würfeln. 1 Esslöffel Öl in einer Pfanne erhitzen und die Kartoffelwürfel darin goldbraun braten.

4. Die Suppe pürieren, mit Salz und Pfeffer würzen und die Crème fraîche einrühren. Den Dill waschen, trocken schütteln und fein hacken. Den Dill unter die Suppe rühren und mit Gurken- und Kartoffelwürfeln bestreut servieren.

Karottencremesuppe

35 Minuten

Zutaten:

Für 4 Personen

800 g Karotten
2 Zwiebeln
10 g Ingwer
80 g Butterschmalz
1 l Gemüsebrühe
100 ml süße Sahne
1 EL Mehl
etwas Petersilie
Salz, Pfeffer

Zubereitung:

1. Die Karotten putzen, schälen und in Stücke schneiden. Die Zwiebeln abziehen und fein würfeln. Den Ingwer schälen und fein würfeln.

2. In einem großen Topf das Butterschmalz erhitzen und die Zwiebelwürfel darin glasig dünsten. Die Karotten und den Ingwer dazugeben und alles ca. 5 Minuten unter ständigem Rühren weiter dünsten.

3. Die Gemüsebrühe dazugießen und ca. 20 Minuten köcheln lassen, bis die Karotten weich sind.

4. Mit dem Pürierstab die Suppe pürieren. Das Mehl in ¼ l Wasser mit einem Schneebesen glattrühren, sodass sich keine Klümpchen bilden. Die Suppe damit cremig abbinden und mit Petersilie bestreut servieren.

Tipp:

Verfeinern Sie die Suppe vor dem Servieren mit 3–4 Esslöffeln Orangenlikör. Das gibt ihr eine ganz besondere Note!

Karotten aus dem Backofen

40 Minuten

Zutaten:

Für 4 Personen

800 g Karotten
1 Knoblauchzehe
1 unbehandelte Zitrone
2 EL Olivenöl
1 TL flüssiger Honig
etwas Petersilie
Chilipulver
Salz, Pfeffer

Zubereitung:

1. Den Backofen auf 200 °C (Umluft 180 °C) vorheizen.

2. Die Karotten putzen, schälen und in längliche Stücke schneiden. Die Knoblauchzehe abziehen und pressen. Die Zitrone heiß abwaschen, die Schale fein abreiben und den Saft auspressen.

3. In einer Schüssel den Zitronenabrieb und -saft, das Olivenöl, den Knoblauch, den Honig, etwas Chili, Salz und Pfeffer verrühren. Die Karotten mit der Marinade vermischen.

4. Ein Backblech mit Backpapier auslegen und die Karotten darauflegen. Ca. 20 Minuten backen, dabei nach der Hälfte der Zeit einmal wenden. Mit Petersilie bestreut servieren.

Tipp:

Zu den Karotten passt sehr gut ein frischer Dip, wie z. B. Tzatziki oder Kräuterquark.

60 Minuten

Frühlings-Kartoffelgratin

Zutaten:

Für 4 Personen

1 kg mehlig kochende Kartoffeln
½ Bund Petersilie
1 Knoblauchzehe
250 ml süße Sahne
gemahlene Muskatnuss
Salz, Pfeffer
Fett für die Form

Zubereitung:

1. Den Backofen auf 200 °C (Umluft 180 °C) vorheizen. Die Kartoffeln schälen, waschen und in dünne Scheiben schneiden. Die Kartoffelscheiben einlagig und fächerartig in die eingefettete Auflaufform schichten.

2. Die Petersilie waschen, trocken schütteln und die Blätter abzupfen. Den Knoblauch abziehen und hacken. Mit den Petersilienblättern, ½ Teelöffel Salz und der süßen Sahne verrühren und fein pürieren. Mit Pfeffer und Muskatnuss abschmecken.

3. Die Petersiliensoße über die Kartoffeln geben und den Frühlings-Kartoffelgratin im vorgeheizten Ofen ca. 40 Minuten backen.

Herbst-Kartoffelgratin

60 Minuten

Zutaten:

Für 4 Personen

600 g Kartoffeln
400 g Hokkaido-Kürbis
1 Knoblauchzehe
250 ml süße Sahne
gemahlene Muskatnuss
Salz, Pfeffer
Fett für die Form

Zubereitung:

1. Den Backofen auf 200 °C (Umluft 180 °C) vorheizen. Die Kartoffeln schälen, waschen und in dünne Scheiben schneiden. Den Kürbis entkernen, in dickere Spalten und dann ebenfalls in Scheiben schneiden. Die Kartoffel- und die Kürbisscheiben fächerartig in einer Lage in die eingefettete Auflaufform schichten.

2. Die Knoblauchzehe abziehen, pressen und mit Salz, etwas Pfeffer, Muskatnuss und der süßen Sahne gut verrühren.

3. Die Soße über die Kartoffeln und den Kürbis gießen und den Herbst-Kartoffelgratin im vorgeheizten Ofen ca. 40 Minuten backen.

Tipp:

Noch herzhafter wird das Gratin, wenn Sie nach der Hälfte der Backzeit Emmentaler Käse darüberstreuen.

30 Minuten

Panierter Kohlrabi

Zutaten:

Für 4 Personen

2 Kohlrabi
1 Ei
2 EL Mehl
70 g Semmelbrösel
2 EL Butterschmalz

Für den Dip:
250 g Quark
100 ml süße Sahne
2 Knoblauchzehen
½ Bund glatte Petersilie
Salz, Pfeffer

Zubereitung:

1. Die Kohlrabi putzen, schälen und waschen in ca. 1,5 cm dicke Scheiben schneiden und in kochendem Wasser ca. 5 Minuten blanchieren. Herausnehmen und gut abtropfen lassen. Das Ei verquirlen und mit Salz und Pfeffer würzen. Die Kohlrabischeiben zuerst im Mehl, dann in dem verquirlten Ei und dann in den Semmelbröseln wenden.

2. Das Butterschmalz in einer Pfanne erhitzen und die Kohlrabischnitzel je Seite bei mittlerer Hitze ca. 3 Minuten braten.

3. Den Quark und die süße Sahne gut verrühren. Den Knoblauch abziehen und pressen. Die Petersilie waschen, trocken schütteln und fein hacken. Alle Zutaten für den Dip vermischen und mit Salz und Pfeffer abschmecken.

Tipp:

In Brühe statt in Wasser gekocht wird der Kohlrabi besonders würzig.

Kohlrabisuppe

40 Minuten

Zutaten:

Für 4–6 Personen

1 kg Kohlrabi
250 g Kartoffeln
1 Zwiebel
1 Bund glatte Petersilie
3 EL Margarine
1 l Gemüsebrühe
250 g Crème fraîche
100 g Lachsschinken
Zucker
gemahlene Muskatnuss
Salz, Pfeffer

Tipp:

Die grünen Blätter der Kohlrabi enthalten mehr Vitamine als die Knolle – werfen Sie sie also nicht weg, sondern verwerten Sie sie für die Suppe: Größere Blätter sollten kleingeschnitten und mitgekocht werden, kleinere können Sie in Streifen schneiden und vor dem Servieren über die Suppe streuen.

Zubereitung:

1. Die Kohlrabi und die Kartoffeln putzen, schälen, waschen und in Würfel schneiden. Die Zwiebel abziehen und fein würfeln. Die Petersilie waschen, trocken tupfen und fein hacken.

2. Die Margarine in einem Topf erhitzen, die Zwiebel darin glasig andünsten, die Kohlrabi- und Kartoffelwürfel dazugeben. Die Brühe und die Crème fraîche dazugießen, aufkochen und die Kohlrabisuppe ca. 20 Minuten bei mittlerer Hitze garen.

3. Eine Suppenkelle Gemüse aus dem Topf nehmen und beiseitestellen. Die restliche Kohlrabisuppe mit einem Pürierstab pürieren. Mit etwas Zucker, Muskatnuss, Salz und Pfeffer abschmecken. Das beiseitegestellte Gemüse unter die Kohlrabisuppe rühren.

4. Den Fettrand vom Lachsschinken entfernen und den Schinken in feine Streifen schneiden. Die Kohlrabisuppe mit Lachsschinkenstreifen und Petersilie servieren.

Tipp:

Kaufen Sie möglichst kleine Kohlrabi, denn diese sind meistens viel aromatischer und weniger holzig als große.

Kohlrabi mit Kartoffelfüllung

60 Minuten

Zutaten:

Für 4 Personen

750 g mehlig kochende Kartoffeln
4 große Kohlrabi
1 Bund junge Karotten
1 Schalotte
1 Bund Frühlingszwiebeln
1 Bund Kerbel
150 g Lachsschinken
1 EL Öl
300 ml Gemüsebrühe
250 ml süße Sahne
1–2 EL heller Soßenbinder
150 ml Milch
40 g Margarine
30 g Sesam
gemahlene Muskatnuss
Salz, Pfeffer

Zubereitung:

1. Die Kartoffeln schälen, waschen, in Stücke schneiden und in kochendem Salzwasser ca. 20 Minuten garen.

2. Die Kohlrabi putzen, waschen, schälen und einmal quer halbieren. Mit einem Kugelausstecher die Kohlrabi aushöhlen, dabei einen ca. 1 cm breiten Rand stehen lassen. Die Karotten waschen, putzen, schälen, einige beiseitelegen, den Rest schräg in Scheiben schneiden. Die Schalotte abziehen und fein würfeln. Die Frühlingzwiebeln waschen, putzen und in Ringe schneiden. Den Kerbel waschen, trocken schütteln, etwas zum Garnieren beiseitelegen und den Rest fein hacken. Den Lachsschinken fein würfeln.

3. Salzwasser in einem großen Topf zum Kochen bringen. Den ausgehöhlten Kohlrabi hineingeben und ca. 12 Minuten garen, die beiseitegelegten Karotten die letzten 8 Minuten mitgaren, abgießen und warm halten.

4. Die Schalottenwürfel in Öl andünsten. Die Kohlrabikugeln und die Karottenscheiben kurz mitdünsten, mit der Gemüsebrühe ablöschen und ca. 8 Minuten köcheln lassen. Die süße Sahne zum Gemüse geben, aufkochen und mit dem Soßenbinder andicken. Den Kerbel unter die Soße rühren und mit Salz und Pfeffer abschmecken.

5. Die Kartoffeln abgießen und abdampfen lassen. Die lauwarme Milch dazugeben und alles zu Püree stampfen. Die Margarine in einer Pfanne erhitzen, den Sesam darin bei mittlerer Hitze anrösten. Die Frühlingszwiebeln kurz in der Sesammargarine mitbraten und unter das Püree rühren, mit Salz und Muskatnuss abschmecken.

6. Die Kohlrabi mit dem Kartoffelpüree füllen. Die gefüllten Kohlrabi mit dem Gemüse und den Karotten anrichten, mit dem Schinken bestreuen und mit dem Kerbel garnieren.

55 Minuten

Kürbispüree mit Hähnchenbrust

Zutaten:

Für 4 Personen

1 kg Kürbis (z. B. Butternut-kürbis)
800 g Kartoffeln
250 ml süße Sahne
2 Hähnchenbrustfilets
6 dünne Scheiben Schinken-speck
1 EL Margarine
Salz, Pfeffer

Zubereitung:

1. Den Kürbis halbieren oder vierteln, die Fasern und die Kerne entfernen. In Spalten schneiden, schälen und grob würfeln. Die Kartoffeln waschen, schälen und ebenfalls grob würfeln. Die Kartoffel- und Kürbiswürfel mit der süßen Sahne in einen Topf geben, zum Kochen bringen und bei mittlerer Hitze ohne Deckel ca. 15 Minuten weich garen.

2. Den Backofen auf 170 °C (Umluft 150 °C) vorheizen. Die Hähnchenbrustfilets waschen und trocken tupfen. Der Länge nach halbieren, salzen und pfeffern. Jedes Filet mit 1–2 Scheiben Frühstücksspeck umwickeln. Die Margarine in einer Pfanne erhitzen und die Filets von beiden Seiten jeweils ca. 3 Minuten anbraten. Anschließend in einer feuerfesten Form ca. 10 Minuten im Ofen backen, bis das Fleisch gar ist.

3. Die Kartoffel-Kürbis-Mischung mit dem Kartoffelstampfer zu einem cremigen Kürbispüree verarbeiten. Mit Salz und Pfeffer abschmecken. Das Kürbispüree zusammen mit der Hähnchenbrust servieren.

Kürbisnudeln

40 Minuten

Zutaten:

Für 4 Personen

700 g Kürbis (z. B. Hokkaido)
1 Zwiebel
100 g Schinken
600 g breite Bandnudeln
2 EL Margarine
250 ml süße Sahne
150 ml Gemüsebrühe
1–2 EL heller Soßenbinder
2 EL geriebener Hartkäse
2 EL gehackte Petersilie
Salz, Pfeffer

Tipp:

So wird aus den Kürbiskernen eine gesunde Knabberei: Die Kerne waschen und trocknen. In einer Pfanne in Pflanzenöl ca. 10 Minuten unter Rühren rösten. Mit Salz und Pfeffer würzen.

Zubereitung:

1. Den Kürbis putzen, waschen, die Fasern und die Kerne entfernen. Das Kürbisfleisch in kleine Würfel schneiden. Die Zwiebel abziehen, halbieren und in feine Ringe schneiden. Den Schinken in Streifen schneiden. Die Bandnudeln nach Packungsanweisung garen.

2. Die Margarine in einer Pfanne erhitzen, die Zwiebeln und den Kürbis unter gelegentlichem Rühren ca. 10 Minuten braten, bis das Kürbisfleisch gerade eben gar ist.

3. Die Sahne und die Gemüsebrühe zum Kürbis-Gemüse geben, aufkochen, salzen und pfeffern und mit Soßenbinder binden.

4. Die Bandnudeln abgießen, kurz abtropfen lassen und in vorgewärmten tiefen Tellern anrichten. Die Kürbis-Mischung und den Schinken darauf verteilen. Den geriebenen Käse und die Petersilie darüberstreuen und sofort servieren.

90 Minuten

Lauchkuchen

Zutaten:

Für 6–8 Personen

250 g Mehl
125 g kalte Butter
5 Eier
700 g Lauch
1 EL Pflanzenöl
100 g geriebener Emmentaler, Greyerzer oder anderer Hartkäse
250 ml süße Sahne
gemahlene Muskatnuss
Salz, Pfeffer

Zubereitung:

1. Für den Teig das Mehl mit ¼ TL Salz mischen. Die Butter in Stückchen dazugeben. 1 Ei und 3 EL kaltes Wasser hinzufügen und alles zu einem glatten Teig verkneten. Zu einer Kugel formen, in Frischhaltefolie wickeln und 30 Minuten kalt stellen.

2. In der Zwischenzeit den Lauch putzen, waschen und in 1 cm breite Ringe schneiden. Das Pflanzenöl erhitzen und die Lauchringe darin bei mittlerer Hitze dünsten.

3. Den Backofen auf 175 °C (Umluft 155 °C) vorheizen. Den Teig auf einer bemehlten Arbeitsfläche zu einem Kreis ausrollen (ca. 32 cm Ø). Eine gefettete Quiche- oder Springform (28 cm Ø) mit dem Teig auslegen, dabei den Rand gut andrücken. Den Teigboden mit einer Gabel mehrfach einstechen.

4. Den Lauch mit dem Käse mischen, mit Pfeffer würzen und auf dem Teigboden verteilen. Die restlichen Eier mit der Schlagsahne verrühren. Mit geriebenem Muskatnuss, Salz und Pfeffer würzen. Den Eier-Sahne-Guss über die Füllung gleichmäßig verteilen.

5. Den Lauchkuchen im vorgeheizten Backofen auf der untersten Schiene ca. 50 Minuten backen.

Tipp:

Lauch ist mit dem Knoblauch und der Zwiebel verwandt, aber in gekochter Form leichter verdaulich. Er eignet sich für alle, die gerne würzig essen, aber Schärfe nicht gut vertragen.

30 Minuten

Lauchgemüse

Zutaten:

Für 4 Personen

500 g Lauch
100 ml Milch
1 Päckchen Helle Soße
(für 250 ml Flüssigkeit)
1–2 EL Kapern
1–2 EL Zitronensaft
1 Prise Zucker

Zubereitung:

1. Den Lauch putzen, waschen und in ca. 2 cm dicke Ringe schneiden. 500 ml Wasser aufkochen, leicht salzen und den Lauch darin 10–15 Minuten bissfest garen. Den Lauch abschütten und dabei 150 ml Kochwasser auffangen.

2. Das Kochwasser und die Milch in einem Topf aufkochen und den Beutelinhalt Helle Soße mit dem Schneebesen einrühren. Bei schwacher Hitze unter ständigem Rühren 1 Minute kochen lassen.

3. Den Topf vom Herd nehmen, die Kapern zugeben und mit Zitronensaft und Zucker abschmecken. Die Soße über das Lauchgemüse gießen und servieren.

Tipp:

Zu dem Lauchgemüse passen sehr gut Salzkartoffeln und gekochte Eier.

Lauch-Kartoffel-Suppe

50 Minuten

Zutaten:

Für 4 Personen

400 g Kartoffeln
150 g Karotten
250 g Lauch
1 Zwiebel
1 EL Rapsöl
800 ml Gemüsebrühe
50 ml süße Sahne
8 Scheiben Toastbrot
2 EL Margarine
2 EL Schnittlauchröllchen
geriebene Muskatnuss
Salz, Pfeffer

Zubereitung:

1. Die Kartoffeln und die Karotten schälen, waschen und grob würfeln. Den Lauch putzen, waschen und in Ringe schneiden. Die Zwiebel abziehen und würfeln.

2. Das Öl erhitzen und die Zwiebelwürfel darin glasig dünsten. Die Kartoffeln, die Karotten und den Lauch hinzufügen und kurz mitdünsten. Die Gemüsebrühe dazugießen und ca. 20 Minuten bei schwacher bis mittlerer Hitze garen.

3. Das Toastbrot in Würfel schneiden. In einer Pfanne die Margarine erhitzen und die Brotwürfel darin knusprig rösten.

4. Die Suppe vom Herd nehmen und pürieren. Die Sahne zugießen und kurz aufkochen lassen. Mit Muskatnuss, Salz und Pfeffer abschmecken. Die Suppe mit den Croûtons und mit Schnittlauchröllchen bestreut servieren.

Tipp:

Wer es deftig mag, kann die Suppe mit Würstchenscheiben oder mit gebratenen Speckwürfeln servieren.

55 Minuten

Gefüllte Mairübchen

Zutaten:

Für 4 Personen

8 Mairübchen
1 Zwiebel
1 Brötchen, in Milch eingeweicht
500 g Hackfleisch
1 Ei
2 EL Petersilie
500 ml Fleischbrühe
Salz, Pfeffer

Zubereitung:

1. Den Backofen auf 180 °C (Umluft 160 °C) vorheizen.

2. Die Mairübchen schälen, waschen und für einen besseren Stand den Wurzelansatz gerade abschneiden. Einen Deckel abschneiden und das Innere ausstechen. Dabei einen nicht zu dünnen Rand stehen lassen.

3. Die ausgehöhlten Mairübchen 2–3 Minuten in Salzwasser blanchieren, abgießen und abtropfen lassen.

4. Die Zwiebel abziehen und fein hacken. Das Brötchen ausdrücken. Das Hackfleisch mit der Zwiebel, dem Brötchen und dem Ei verkneten. Die Petersilie zugeben, mit Salz und Pfeffer würzen und alles gut untermischen.

5. Die Hackfleischmasse in die Mairübchen füllen. Die Mairübchen in eine zur Hälfte mit Fleischbrühe gefüllte Auflaufform setzen und im vorgeheizten Backofen ca. 30 Minuten garen. Dazu passen Salzkartoffeln.

Tipp:

Aus dem ausgehöhlten Mairübchenfleisch können Sie einen erfrischenden Salat herstellen: In dünne Scheiben schneiden, eventuell mit anderen Salaten mischen und in einer Vinaigrette servieren.

Mairübchen mit Roastbeef

40 Minuten

Zutaten:

Für 4 Personen

1 kg Mairübchen
750 g gekochte Pellkartoffeln
2–3 EL Rapsöl
2 Bund gemischte Kräuter,
  z. B. Petersilie, Kerbel,
  Schnittlauch
3 EL Kürbiskerne
125 ml Milch
1 Päckchen Helle Soße
12 Scheiben Rostbeef
gemahlene Muskatnuss
Salz, Pfeffer

Zubereitung:

1. Die Mairübchen putzen, schälen und waschen je nach Größe in Salzwasser 10–15 Minuten garen. Abgießen und abtropfen lassen.

2. Inzwischen die Kartoffeln schälen und waschen. Das Rapsöl in einer beschichteten Pfanne erhitzen und die Kartoffeln darin rundherum goldgelb braten. Mit Salz und Pfeffer würzen.

3. Die Kräuter waschen, trocken schütteln, die Blättchen abzupfen und hacken. Die Kürbiskerne ebenfalls hacken.

4. 125 ml Wasser mit der Milch aufkochen, den Päckcheninhalt Helle Soße einrühren und bei schwacher Hitze 1 Minute kochen lassen. Die gehackten Kräuter und die Kürbiskerne in die Soße geben. Nach Belieben mit Salz, Pfeffer und etwas Muskatnuss abschmecken.

5. Die Mairübchen mit der Soße servieren und die Kartoffeln und die Roastbeefscheiben dazu reichen.

50 Minuten

Mangoldröllchen

Zutaten:

Für 4 Personen

10 Mangoldblätter
1 Zwiebel
1 EL Butter
125 g Langkornreis
200 ml passierte Tomaten
1 TL getrockneter Oregano
1 Bund Basilikum
200 ml Gemüsebrühe
Kirschtomaten zum Garnieren
Salz, Pfeffer

Zubereitung:

1. Den Backofen auf 200 °C (Umluft 180 °C) vorheizen. Die Mangoldblätter in kochendem Salzwasser ca. 2 Minuten blanchieren, herausnehmen, eiskalt abschrecken, abtropfen lassen und die Stiele entfernen. Die Zwiebel abziehen und fein würfeln.

2. Die Butter in einem Topf schmelzen, die Zwiebelwürfel und den Reis darin andünsten. 250 ml Wasser und 1 TL Salz hinzufügen und aufkochen. 15 Minuten quellen lassen.

3. Den Reis etwas abkühlen lassen und mit den passierten Tomaten vermischen. Mit Salz, Pfeffer, getrocknetem Oregano und gehackten Basilikumblättchen abschmecken. Die Reis-Tomaten-Mischung auf den Mangoldblättern verteilen, aufrollen und in eine Auflaufform legen.

4. Die Gemüsebrühe erhitzen und in die Form gießen. Die Mangoldröllchen im vorgeheizten Backofen ca. 15 Minuten garen. Zum Servieren in Scheiben schneiden und mit halbierten Kirschtomaten garnieren.

Tipp:

Die Blattrippen des Mangolds in feine Streifen schneiden, in etwas Öl andünsten und dazu servieren oder als Einlage für eine Suppe nutzen.

Mangold mit Schweinegeschnetzeltem

35 Minuten

Zutaten:

Für 4 Personen

400 g Schweineschnitzel
3 Schalotten
400 g Mangold
2 EL Margarine
1 Beutel Soßenpulver für Jägersoße
50 g Schmand

Zubereitung:

1. Die Schweineschnitzel in Streifen schneiden. Die Schalotten abziehen und hacken. Den Mangold waschen, die festen Stiele in feine Streifen, die Blätter in 1,5 cm breite Streifen schneiden.

2. Die Margarine erhitzen und das Fleisch darin anbraten. Herausnehmen und warm stellen. Die Schalotten und die Mangoldstiele im restlichen Bratfett zugedeckt bei schwacher Hitze 10 Minuten dünsten. Zwischendurch einmal wenden. Die Mangoldblätter zufügen und weitere 5 Minuten dünsten. 250 ml kaltes Wasser zugießen und das Soßenpulver einrühren. Unter Rühren aufkochen und 3 Minuten kochen.

3. Den Schmand und das Fleisch zufügen und in der Soße heiß werden lassen. Dazu passt Kartoffelpüree.

30 Minuten

Meerrettichsuppe

Tipp:

Dazu passen als Einlage Streifen von Räucherlachs oder in Stücke geschnittene geräucherte Forellenfilets.

Zutaten:

Für 4 Personen

600 g Äpfel (am besten Elstar oder Cox Orange)
1 Zwiebel
1 EL Margarine
4–5 EL Meerrettich, frisch gerieben oder aus dem Glas
250 ml süße Sahne
½ TL getrockneter Thymian
500 ml Gemüsebrühe
Zucker
Salz, Pfeffer
Petersilie

Zubereitung:

1. Die Äpfel waschen, schälen und grob würfeln, einige Würfel zur Seite legen. Die Zwiebel abziehen und fein würfeln.

2. Die Margarine in einem Topf erhitzen und die Äpfel und die Zwiebeln darin andünsten. 3 Esslöffel Meerrettich dazugeben und kurz mitdünsten. Die süße Sahne, den Thymian und die Gemüsebrühe dazugießen und die Meerrettichsuppe ca. 15 Minuten köcheln lassen.

3. Die Meerrettichsuppe pürieren und mit Zucker, Salz, Pfeffer und dem restlichem Meerrettich abschmecken. Mit Apfelwürfeln und Petersilie dekoriert servieren.

Meerrettichsoße mit Kabeljau

30 Minuten

Zutaten:

Für 4 Personen

4 Kabeljaufilets
2 EL Zitronensaft
1 Schalotte
3 EL Pflanzenöl
125 ml süße Sahne
375 ml Gemüsebrühe
4 EL heller Soßenbinder
2–3 EL Meerrettich, frisch gerieben oder aus dem Glas
rosa Pfefferbeeren
Salz, Pfeffer

Zubereitung:

1. Die Kabeljaufilets salzen und mit Zitronensaft beträufeln. Die Schalotte abziehen und fein würfeln.

2. Die Schalottenwürfel in einem Topf in 1 EL heißem Öl dünsten. Die Gemüsebrühe und die Sahne hinzufügen. Den Soßenbinder einrühren und 1 Minute kochen lassen. Mit dem Meerrettich, Salz und Pfeffer abschmecken.

3. Den Fisch in einer Pfanne im restlichen Öl braten. Die Meerrettichsoße zum Kabeljaufilet servieren und mit rosa Pfefferbeeren bestreuen. Dazu passen Salzkartoffeln.

35 Minuten

Pastinakensuppe

Zutaten:

Für 4 Personen

1200 g Pastinaken
3 große Zwiebeln
3 EL Rapsöl
3–4 TL brauner Zucker
1 ½ l Fleischbrühe
200 ml süße Sahne
400 g Schinkenspeck
1 Bund Petersilie

Zubereitung:

1. Die Pastinaken putzen, schälen, waschen und grob würfeln. Die Zwiebeln abziehen und in Würfel schneiden.

2. Das Öl in einem Topf erhitzen und die Zwiebeln darin andünsten. Den Zucker darüberstreuen und anbräunen.

3. Die Fleischbrühe dazugießen, die Pastinaken hinzufügen und ca. 10 Minuten garen. Die Suppe pürieren und die Sahne unterrühren.

4. Die Schinkenspeckscheiben in einer Pfanne langsam auslassen und zur Suppe geben.

5. Die Petersilie waschen, putzen, trocken schütteln und klein hacken. Die Pastinakensuppe mit Petersilie bestreut servieren.

Tipp:

Durch den Schinkenspeck wird die Suppe sehr würzig. Wenn Sie das nicht mögen, können Sie die Menge reduzieren oder ganz weglassen.

Pastinakenpüree mit Forellenfilet

40 Minuten

Zutaten:

Für 4 Personen

1 Bund glatte Petersilie
800 g Pastinaken
100 ml süße Sahne
8 Forellenfilets mit Haut
4 EL Margarine
gemahlene Muskatnuss
Salz, Pfeffer

Tipp:

Pastinaken sind wegen ihres süßlichen Geschmacks auch bei kleinen Kindern beliebt und eignen sich sogar für Babybrei: Kochen Sie die Pastinaken in wenig Wasser gar, fügen Sie statt Sahne etwas Rapsöl hinzu und lassen die Gewürze weg.

Zubereitung:

1. Die Petersilie waschen, trocken schütteln und grob hacken. Die Pastinaken putzen, schälen, waschen und grob würfeln. Die Sahne steif schlagen.

2. Die Pastinakenwürfel in einen Topf geben, mit Wasser bedecken und ca. 15 Minuten garen. Das Wasser abgießen und die Pastinaken mit einem Pürierstab pürieren. Die Schlagsahne unterheben, mit Salz, Pfeffer und Muskatnuss abschmecken.

3. Die Forellenfilets waschen und trocken tupfen. Die Margarine in einer Pfanne erhitzen und die Forellenfilets auf der Hautseite 2–3 Minuten anbraten, die Filets wenden und nochmals 2–3 Minuten braten, salzen und pfeffern. Das gebratene Forellenfilet mit dem Pastinakenpüree anrichten.

30 Minuten

Petersilienwurzel-Püree

Zutaten:

Für 4 Personen

800 g Petersilienwurzeln
100 ml Gemüsebrühe
50 g Butter
50 ml süße Sahne
Salz, Pfeffer

Zubereitung:

1. Die Petersilienwurzeln putzen, schälen, waschen und in Stücke schneiden. In der Gemüsebrühe ca. 15 Minuten garen.

2. Die Butter und die Sahne hinzufügen und alles pürieren. Das Püree mit Salz und Pfeffer abschmecken.

Tipp:

Das Petersilienwurzelpüree schmeckt sehr gut zu gedünstetem oder gebratenem Fisch oder zu kurzgebratenem Fleisch.

Petersilienwurzel-Suppe

30 Minuten

Zutaten:

Für 4 Personen

800 g Petersilienwurzeln
2 Karotten
2 Zwiebeln
3 EL Pflanzenöl
1 l Fleischbrühe
½ Bund Petersilie

Zubereitung:

1. Die Petersilienwurzeln und die Karotten putzen, schälen, waschen und in Würfel schneiden. Die Zwiebeln abziehen und klein schneiden.

2. Das Pflanzenöl in einem Topf erhitzen und die Zwiebeln darin andünsten. Die Petersilienwurzel- und Karottenwürfel dazugeben und kurz mitdünsten. Die Fleischbrühe angießen und alles ca. 6 Minuten garen.

3. Die Petersilie waschen, putzen, trocken schütteln und klein hacken.

4. Die Petersilienwurzelsuppe mit Petersilie bestreut servieren.

Tipp:

Besonders fein wird die Suppe, wenn Sie sie am Schluss pürieren und etwas süße Sahne unterrühren!

30 Minuten

Pilzpfanne

Zutaten:

Für 4 Personen

1 kg gemischte Pilze (z. B. Champignons, Kräutersaitlinge)
1 kleine Zwiebel
½ Bund Petersilie
2 Zweige Thymian
½ unbehandelte Zitrone
1 Knoblauchzehe
2 TL Margarine
250 ml süße Sahne
Salz, Pfeffer

Zubereitung:

1. Die Pilze putzen und je nach Größe halbieren, vierteln oder in dickere Scheiben schneiden. Die Zwiebel abziehen und fein würfeln. Die Petersilie und den Thymian waschen, trocken schütteln, die Blättchen abzupfen und fein hacken. Von der Zitrone die Schale fein abreiben. Den Knoblauch abziehen und fein würfeln oder in Scheiben schneiden.

2. Die Margarine in einer großen Pfanne erhitzen. Die Pilze zugeben und ca. 2 Minuten anbraten. Wird die Pfanne dabei zu trocken, sodass die Pilze festkleben, vorsichtig eine kleine Menge Wasser (2 EL) zugeben. Die Zwiebelwürfel hinzufügen und alles weitere 2–3 Minuten braten.

3. Mit der Sahne ablöschen. Den Zitronenabrieb und den Knoblauch dazugeben und unterrühren. Die Pilzpfanne einmal aufkochen und dann bei kleiner Hitze bis zur gewünschten Soßenkonsistenz köcheln lassen. Die Petersilie und den Thymian zugeben und die Pilzpfanne mit Salz und Pfeffer abschmecken.

Tipp:

Dazu passen Kartoffelspalten: Dafür festkochende oder vorwiegend festkochende Kartoffeln gründlich waschen. Je nach Größe in Viertel oder Achtel schneiden und in einem Topf in kaltes gesalzenes Wasser geben, sodass die Kartoffeln bedeckt sind. Zum Kochen bringen, kurz aufkochen und dann bei mittlerer Hitze gar kochen.

Klare Pilzsuppe mit Majorancreme

30 Minuten

Zutaten:

Für 4 Personen

1 Zwiebel
1 Knoblauchzehe
500 g gemischte Pilze (z. B. weiße und braune Champignons, Austernpilze, Pfifferlinge)
½ Bund Majoran
2 EL Margarine
600 ml Gemüsebrühe
1–2 EL Zitronensaft
50 g grob geriebener Hartkäse, z. B. Parmesan
200 g Crème fraîche
Salz, Pfeffer

Zubereitung:

1. Den Backofen auf 200 °C (Umluft 180 °C) vorheizen.

2. Die Zwiebel und den Knoblauch abziehen. Die Zwiebel in feine Ringe schneiden und den Knoblauch fein würfeln. Die Pilze putzen und grob würfeln. Den Majoran waschen, trocken schütteln und hacken.

3. Die Margarine in einem großen Topf erhitzen, die Pilzwürfel anbraten, die Zwiebel und den Knoblauch dazugeben und kurz mitbraten. Die Gemüsebrühe dazugießen und aufkochen. Bei schwacher Hitze ca. 10 Minuten kochen. Die klare Pilzsuppe mit Salz, Pfeffer und Zitronensaft würzen.

4. Inzwischen den geriebenen Käse esslöffelweise auf ein mit Backpapier belegtes Backblech geben und im vorgeheizten Backofen ca. 8 Minuten backen.

5. Die Crème fraîche und den Majoran verrühren, mit Salz, Pfeffer und Zucker abschmecken. Die klare Pilzsuppe mit der Majoran-Crème-fraîche und den Käse-Chips servieren.

35 Minuten

Rosenkohleintopf

Zutaten:

Für 4 Personen

1 kg Rosenkohl
200 g geräucherter durchwachsener Speck
2 Zwiebeln
1 EL Pflanzenöl
1 l Fleischbrühe
6 Zweige Thymian
Pfeffer

Zubereitung:

1. Den Rosenkohl putzen, waschen und am Strunk kreuzweise einschneiden. Den Speck in Streifen schneiden. Die Zwiebeln abziehen und fein würfeln. Das Öl in einem Topf erhitzen. Die Zwiebelwürfel und die Speckstreifen darin anbraten. Die Fleischbrühe zugießen und aufkochen. Den Rosenkohl hinzufügen und ca. 15 Minuten zugedeckt köcheln lassen.

2. Inzwischen den Thymian waschen, trocken schütteln und hacken. Den Thymian in die Suppe geben und mitkochen.

3. Den Rosenkohleintopf mit Pfeffer abschmecken und anrichten. Dazu passen Vollkorn-Brötchen.

Rosenkohlkuchen

65 Minuten

Zutaten:

Für 4 Personen

50 g Margarine
200 g Mehl
½ TL Jodsalz
1 TL Rapsöl
750 g Rosenkohl
1 dicke Scheibe gekochter Schinken
200 g Maronen (küchenfertig, vakuumverpackt)
200 g Crème fraîche
2 Eier
Salz, Pfeffer

Zubereitung:

1. Die Margarine schmelzen und mit Mehl, Salz und 7–8 EL lauwarmem Wasser zu einem glatten Teig verkneten. Im Kühlschrank 1 Stunde ruhen lassen. Den Teig ausrollen und in eine gefettete Form (28 cm Durchmesser) legen, dabei einen kleinen Rand formen.

2. Den Backofen auf 220 °C (Umluft 200 °C) vorheizen. Den Rosenkohl putzen, waschen, große Röschen evtl. halbieren. Den Rosenkohl in wenig Salzwasser 8–10 Minuten vorgaren und abtropfen lassen.

3. Den Schinken würfeln und mit den Rosenkohlröschen und den Maronen gleichmäßig auf dem Teig verteilen.

4. Die Crème fraîche mit den Eiern verrühren und mit Salz und Pfeffer würzen. Über den Rosenkohl, den Schinken und die Maronen gießen. Den Rosenkohlkuchen im vorgeheizten Backofen auf der 2. Einschubleiste von unten 25–30 Minuten backen.

Tipp:

Wer lieber frische Maronen verwendet, muss etwas mehr Zeit einplanen: Die Schale der Früchte kreuzweise einschneiden und die Maronen 20 Minuten in Wasser kochen. Abtropfen lassen, die Schalen und den dunklen Flaum entfernen.

45 Minuten

Rote-Bete-Suppe

Zutaten:

Für 4 Personen

Für die Suppe:
1 Schalotte
500 g Rote Bete
50 g Margarine
1 TL Fenchelsamen
750 ml Gemüsebrühe
Zucker
Salz, Pfeffer

Für die Brotscheiben:
½ Baguette
30 g Margarine
2 EL Zucker
Salz, Pfeffer
etwas Petersilie

Zubereitung:

1. Die Schalotte abziehen und fein würfeln. Die Rote Bete schälen und in Würfel schneiden.

2. Die Margarine in einem Topf erhitzen und die Schalotte mit dem Fenchelsamen darin dünsten. Die Rote Bete und die Gemüsebrühe dazugeben, aufkochen und ca. 20 Minuten kochen. Die Suppe pürieren und mit Zucker, Salz und Pfeffer abschmecken.

3. Für die Brotscheiben das Baguette in dünne Scheiben schneiden. Die Margarine in der Pfanne zerlassen, den Zucker darin schmelzen und etwas Salz und Pfeffer dazugeben. Die Brotscheiben hineinlegen und bei mittlerer Hitze karamellisieren lassen. Mit Petersilie bestreuen und zu der Suppe servieren.

Rote-Bete-Pfanne

Zutaten:

Für 4 Personen

750 g Rote Bete
1 Bund Lauchzwiebeln
3 EL Pflanzenöl
250 ml Gemüsebrühe
125 g Schmelzkäse
3 Stiele Basilikum
50 g Crème fraîche
Pfeffer

Zubereitung:

1. Die Rote Bete putzen, schälen und in ca. ½ cm dicke Stifte schneiden. Die Lauchzwiebeln putzen, waschen und in Scheiben schneiden.

2. 2 EL Pflanzenöl in einer ofenfesten Pfanne erhitzen. Die Lauchzwiebeln darin ca. 3 Minuten andünsten und herausnehmen. Das restliche Öl in die Pfanne geben. Die Gemüsebrühe zugießen und die Rote Bete darin andünsten. Die Rote Bete ca. 20 Minuten zugedeckt köcheln.

3. Den Backofengrill vorheizen. Den Schmelzkäse in Stücke schneiden. Das Basilikum waschen, trocken schütteln und in Streifen schneiden. Die Lauchzwiebeln zu der Roten Bete geben und erhitzen. Die Crème fraîche einrühren. Mit Pfeffer abschmecken. Die Rote-Bete-Pfanne mit dem Schmelzkäse bestreuen und unter dem vorgeheizten Backofengrill überbacken, bis der Käse geschmolzen ist. Mit Basilikum bestreut servieren.

Tipp:

Ziehen Sie bei der Zubereitung von frischer Roter Bete Küchenhandschuhe an, da sie stark abfärbt. Alternativ können Sie die rote Farbe mit Zitronensaft von den Händen entfernen.

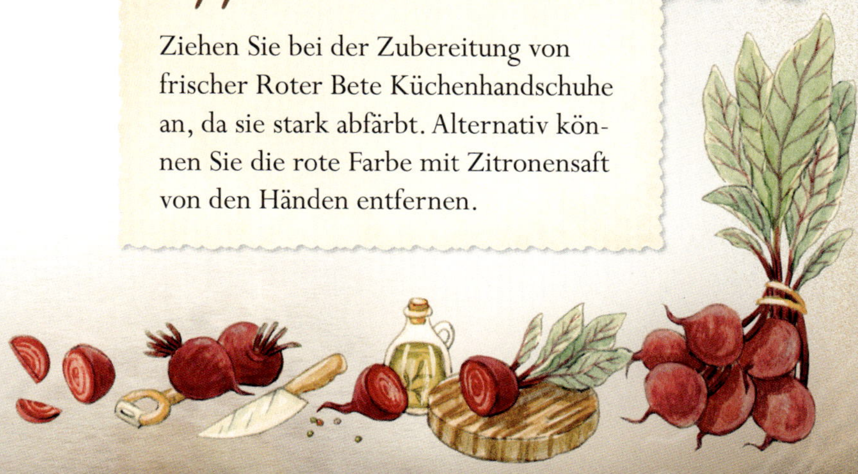

60 Minuten*

Rotkohl mit Krustenbraten

Zutaten:

Für 6 Personen

Für den Rotkohl:
ca. 1 ½ kg Rotkohl (1 mittelgroßer Kopf)
½ l Essig
5 EL Zucker
2 Zwiebeln
10 Nelken
2 große säuerliche Äpfel (z.B. Boskop)
80 g Butterschmalz
2 Lorbeerblätter
2–3 EL Weinessig
½ l Rotwein
Salz, Pfeffer

Für den Krustenbraten:
2 ½ kg Schweinekrustenbraten
50 g Pflanzenfett zum Anbraten
Salz, Pfeffer

Zubereitung:

1. Die äußeren Blätter des Kohls entfernen, den Kohl vierteln und den Strunk herausschneiden. Den Rotkohl in sehr feine Streifen schneiden und in eine Schüssel geben. 2 Liter Wasser mit ½ Liter Essig und dem Zucker aufkochen und über den Rotkohl gießen. Den Rotkohl unter häufigem Wenden ca. 2 Minuten in dem Sud ziehen lassen. Dann in ein Sieb gießen und abtropfen lassen.

2. Die Zwiebeln abziehen und mit den Nelken spicken. Die Äpfel schälen, vom Kerngehäuse befreien und in kleine Stücke schneiden. In einem großen Topf das Butterschmalz zerlassen und den Rotkohl darin andünsten. Die gespickten Zwiebeln, die Lorbeerblätter, die Apfelstücke und den Weinessig untermischen. Den Topf fest verschließen und den Rotkohl bei mittlerer Hitze schmoren lassen. Zwischendurch ab und zu umrühren.

3. Nach ca. 30 Minuten den Rotwein, Salz und Pfeffer zugeben, umrühren und weitere 30 Minuten köcheln lassen. Vor dem Servieren die Zwiebeln mit den Nelken entfernen und nach Belieben mit Salz und Pfeffer abschmecken.

4. Für den Braten die Schwarte mit einem scharfen Messer gitterartig einritzen. Das Fleisch waschen, trocken tupfen und mit Salz und Pfeffer einreiben.

* Bezieht sich auf den Rotkohl.
Der Braten benötigt 6–7 Stunden.

5. Den Backofen auf 100 °C Ober-/Unterhitze vorheizen und einen flachen Bräter darin vorwärmen.

6. Der Braten sollte vor dem Anbraten Zimmertemperatur haben. Das Pflanzenfett in einer Pfanne erhitzen und das Fleisch ca. 10 Minuten von allen Seiten anbraten, in den vorgewärmten Bräter legen und ein Bratenthermometer in die dickste Stelle des Bratens stecken. Mit der Schwarte nach oben auf einem Ofengitter ca. 6 Stunden im unteren Drittel des Backofens garen. Die Kerntemperatur sollte 65°C erreichen. 10 Minuten vor Ende der Garzeit den Backofengrill auf Stufe 1 stellen und den Braten grillen, um eine knusprige Kruste zu erhalten. Dann den Ofen ausschalten und den Braten noch etwas darin ruhen lassen.

7. Den Rotkohl mit Scheiben des Krustenbratens servieren. Dazu passen Knödel oder Salzkartoffeln.

70 Minuten

Schwarzwurzeln mit Kotelett

Zutaten:

Für 4 Personen

Für die Schwarzwurzeln:

750 g Schwarzwurzeln
Milch
Essig
2 Zwiebeln
4 EL Rapsöl
200 ml Gemüsebrühe
350 g Schmand
1 Orange
Salz, Pfeffer

Für die Koteletts:

4 Koteletts
1 Ei
Mehl
Paniermehl
Pflanzenöl
Salz, Pfeffer

Zubereitung:

1. Die Schwarzwurzeln putzen, schälen und waschen, dabei darauf achten, dass alle braunen Stellen entfernt werden. Eine Schüssel mit Wasser, einem Schuss Milch und einem Schuss Essig bereitstellen und die geschälten Schwarzwurzeln hineinlegen, damit sie nicht braun werden. Falls die Schwarzwurzeln sehr dick sind, der Länge nach halbieren. In ca. 2 cm lange Stücke schneiden und wieder in das Milch-Essig-Wasser legen.

2. Die Zwiebeln abziehen und in Würfel schneiden. In einem großen Topf das Rapsöl erhitzen und die Zwiebelwürfel darin andünsten. Die Schwarzwurzelstücke dazugeben und ein paar Minuten mitdünsten. Mit der Gemüsebrühe ablöschen, den Schmand unterrühren und ca. 20 Minuten köcheln lassen.

3. Die Orange auspressen. Den Orangensaft zu den Schwarzwurzeln geben und mit Salz und Pfeffer abschmecken.

4. Für die Koteletts das Ei in einem Teller verquirlen. In zwei weiteren Tellern Mehl und Paniermehl bereitstellen. Die Koteletts salzen und pfeffern, dann nacheinander zuerst in Mehl, dann in Ei und in Paniermehl wenden.

5. Das Öl erhitzen und die Koteletts von beiden Seiten anbraten, dann die Hitze reduzieren und von beiden Seiten je nach Dicke jeweils 4 bis 6 Minuten braten.

6. Die Koteletts zusammen mit den Schwarzwurzeln servieren. Dazu passen Salzkartoffeln.

Tipp:

Da Schwarzwurzeln abfärben, sollten Sie bei der Vorbereitung möglichst Küchenhandschuhe tragen. Wenn Sie das nicht mögen, hilft es, braun verfärbte Hände sofort mit Zitronensaft zu reinigen.

40 Minuten

Sellerieschnitzel mit Pilzragout

Zutaten:

Für 4 Personen

500 g Sellerie
1 kg gemischte Pilze
1 Zwiebel
1 Knoblauchzehe
2 EL gemahlene Haselnüsse
2 EL Paniermehl
2 EL Mehl
1 Ei
4 EL Margarine
100 ml Rotwein
200 g Crème fraîche
1 TL getrockneter Majoran
Salz, Pfeffer

Zubereitung:

1. Den Sellerie putzen, schälen, waschen und in ca. 1 cm dicke Scheiben schneiden. Die Pilze putzen und gegebenenfalls in Stücke schneiden. Die Zwiebel und den Knoblauch abziehen und fein würfeln. Die Haselnüsse und das Paniermehl mischen. Das Ei verquirlen. Die Selleriescheiben zuerst in Mehl, dann in verquirltem Ei und zuletzt in der Paniermehl-Haselnussmischung wenden.

2. 2 EL Margarine in einer Pfanne erhitzen und die Sellerieschnitzel bei mittlerer Hitze ca. 4 Minuten von jeder Seite braten.

3. Die restliche Margarine in einem Topf erhitzen und die Pilze darin ca. 5 Minuten braten. Die Zwiebel und den Knoblauch dazugeben und ca. 2 Minuten mitbraten. Den Rotwein und die Crème fraîche dazugeben, aufkochen und mit Salz, Pfeffer und Majoran würzen. Das Sellerieschnitzel mit dem Pilzragout servieren.

Selleriesalat

30 Minuten

Zutaten:

Für 4 Personen

½ Zitrone
1 Sellerieknolle
2 Äpfel
100 g saure Sahne
2 EL Mayonnaise
1 TL Honig
1 TL Schnittlauchröllchen
1 TL gehackte Petersilie
150 g blaue Trauben
60 g gehackte Walnusskerne
Salz, Pfeffer

Zubereitung:

1. Die Zitrone auspressen und den Saft in eine Salatschüssel geben. Die Sellerieknolle schälen, waschen und halbieren. Die Knolle zuerst in dünne Scheiben und dann in feine Streifen schneiden. Die Selleriestreifen zum Zitronensaft geben. Die Äpfel schälen, vom Kerngehäuse befreien und ebenfalls in dünne Streifen schneiden. Die Apfelstreifen mit dem Selleriesalat vermischen.

2. Die saure Sahne mit der Mayonnaise, dem Honig und den Kräutern verrühren und mit Salz und Pfeffer abschmecken.

3. Die Salatsoße mit den Salatzutaten vermischen. Die Trauben waschen, halbieren, entkernen und zusammen mit den Walnusskernen unter den Salat heben. Den Selleriesalat vor dem Servieren ca. 20 Minuten durchziehen lassen.

60 Minuten

Spargelcremesuppe

Zutaten:

Für 4 Personen

500 g weißer Spargel
100 g grüner Spargel
1–2 EL Zitronensaft
2 EL Gemüsebouillonpulver
50 g Margarine
1 EL Mehl
150 g Schmand
Zucker
gemahlene Muskatnuss
Salz, Pfeffer

Zubereitung:

1. Den Spargel gut schälen und die Enden der Spargelstangen abschneiden. Die Schalen waschen und in einem Topf mit 1 Liter Wasser, 1 Prise Zucker und 1 Esslöffel Zitronensaft aufkochen. 20 Minuten bei mittlerer Hitze kochen lassen. Den Spargelsud durch ein Sieb in eine Schüssel abgießen. Das Gemüsebouillonpulver hinzufügen und unterrühren.

2. Die Spargelstangen in 1 cm große Stücke schneiden. Die grünen Spargelstücke beiseitelegen. In einem Topf die Margarine zerlassen, den weißen Spargel dazugeben und ca. 4 Minuten dünsten. Mit Salz und Zucker würzen. Mit Mehl bestäuben und 1 Minute dünsten.

3. Den Spargel-Bouillon-Sud unter Rühren zugießen und aufkochen lassen. Anschließend ca. 15 Minuten bei mittlerer bis schwacher Hitze kochen lassen, zwischendurch umrühren. Den Schmand zur Suppe geben und alles pürieren. Die grünen Spargelstücke dazugeben und weitere 5 Minuten köcheln lassen. Die Spargelcremesuppe mit Salz, Pfeffer, Muskatnuss und Zitronensaft abschmecken.

Tipp:

Die Spargelcremesuppe können Sie mit weiteren Zutaten, wie z. B. mit Lachs, anreichern: Den Lachs ganz kurz in der Pfanne anbraten und dann in die Suppe geben. Räucherlachsstreifen passen sehr gut dazu. Etwas sättigender wird die Spargelcremesuppe, wenn zusätzlich Kartoffeln mitgegart werden.

Spargelpfanne

40 Minuten

Zutaten:

Für 4 Personen

500 g Spargel
1 Bund Frühlingszwiebeln
150 g Zuckerschoten
200 g Kirschtomaten
1 EL Puderzucker
175 ml Gemüsebrühe
½ Vanilleschote
1 Knoblauchzehe
Abrieb einer unbehandelten Zitrone
1 Bund glatte Petersilie

Zubereitung:

1. Den Spargel gut schälen und die Enden der Spargelstangen abschneiden. Die Frühlingszwiebeln, die Zuckerschoten und die Kirschtomaten putzen und waschen. Den Spargel und die Frühlingszwiebeln schräg in 1 cm dicke Scheiben schneiden. Die Zuckerschoten und die Kirschtomaten halbieren.

2. Den Puderzucker in eine heiße Pfanne sieben und karamellisieren lassen. Das Gemüse zufügen und darin schwenken. Die Gemüsebrühe angießen und die Vanilleschote zufügen. Das Gemüse bei mittlerer Hitze ca. 12 Minuten bissfest garen.

3. Die Knoblauchzehe abziehen, die Petersilie waschen und trocken schütteln. Beides fein hacken und mit dem Zitronenabrieb mischen. Die Vanilleschote entfernen und die Spargelpfanne mit der Petersilienmischung bestreut servieren. Dazu schmeckt frisches Weißbrot.

50 Minuten

Spinat-Semmelknödel

Zutaten:

Für 4 Personen

4 Brötchen vom Vortag
200 ml Milch
300 g Champignons
800 g Spinat
1 Zwiebel
2 EL Rapsöl
1 Ei
3 EL Paniermehl
2 EL Mehl
60 g magere Schinkenwürfel
1 Päckchen Rahmsoße
Salz, Pfeffer

Zubereitung:

1. Die Brötchen klein würfeln und mit der warmen Milch übergießen. Die Champignons putzen und in dünne Scheiben schneiden. Den Spinat waschen und putzen. Die Zwiebel abziehen und würfeln.

2. 1 EL Rapsöl in einem Topf erhitzen und die Zwiebelwürfel darin ca. 4 Minuten bei mittlerer Hitze glasig dünsten. Die Spinatblätter tropfnass zugeben und zugedeckt 4–5 Minuten garen, bis die Blätter zusammengefallen sind.

3. Den Spinat in einem Sieb abgießen, abtropfen lassen, fest ausdrücken und grob hacken. Den Spinat, das Ei, das Paniermehl und das Mehl zu den eingeweichten Brotwürfeln geben und alles gut durchkneten. Mit Salz und Pfeffer würzen.

4. Mit angefeuchteten Händen 16 Knödel formen und in kochendes Salzwasser geben. Bei mittlerer Hitze ca. 10 Minuten ziehen lassen.

5. Das restliche Öl erhitzen. Die Champignonscheiben und die Schinkenwürfel darin anbraten. 250 ml Wasser dazugießen und aufkochen. Den Inhalt des Päckchens Rahmsoße einrühren und bei schwacher Hitze 1 Minute kochen.

6. Die Semmelknödel mit einer Schaumkelle aus dem Wasser heben und mit der Champignon-Schinken-Soße servieren.

Tipp:

Wenn Sie keinen frischen Spinat bekommen, können Sie die Knödel auch mit gehacktem TK-Spinat zubereiten: Den Spinat worher auftauen und abtropfen lassen, dann wie frischen Spinat weiterverwenden.

Tipp:

Eine vegetarische Variante erhalten Sie, wenn Sie das Hackfleisch weglassen und stattdessen 500 g geschnittene Pilze verwenden. Die Pilze werden dann zusammen mit dem Spinat eingeschichtet. Statt mit geriebenem Hartkäse kann die Lasagne auch mit zerbröckeltem Schafskäse bestreut werden – das passt sehr gut zum Spinat!

Spinatlasagne

70 Minuten

Zutaten:

Für 6 Personen

1 ½ kg frischer Spinat
4 Zwiebeln
3 Knoblauchzehen
8 EL Pflanzenöl
100 g Schmand
4 Tomaten
2 EL Tomatenmark
500 g Hackfleisch
200 g geriebener Emmentaler
12–16 Lasagneblätter
gemahlene Muskatnuss
Rosenpaprikapulver
Salz, Pfeffer
Butter für die Form

Zubereitung:

1. Den Spinat putzen, die Stiele entfernen, waschen und die Blätter grob hacken. Die Zwiebeln und den Knoblauch abziehen und fein würfeln. 4 Esslöffel Öl erhitzen und die Hälfte der Zwiebel- und Knoblauchwürfel darin anbraten. Den Spinat dazugeben und erhitzen, bis er zusammenfällt, dann den Schmand unterrühren. Mit gemahlener Muskatnuss, Salz und Pfeffer abschmecken.

2. Die Tomaten häuten und in Stücke schneiden. 2 Esslöffel Öl erhitzen und die restlichen Zwiebel- und Knoblauchwürfel darin anbraten. Die Tomaten, das Tomatenmark und 200 ml Wasser dazugeben und verrühren. Einige Minuten köcheln lassen und mit Rosenpaprika, Salz und Pfeffer abschmecken.

3. Die restlichen 2 Esslöffel Öl erhitzen und das Hackfleisch darin kräftig anbraten. Mit Salz und Pfeffer würzen und unter die Tomatensoße mischen.

4. Den Backofen auf 190 °C (Umluft 170 °C) vorheizen. Eine große Auflaufform mit Butter ausfetten. Abwechselnd jeweils eine Schicht Lasagneblätter, eine Schicht Tomaten-Fleisch-Soße und eine Schicht Spinat einfüllen. Mit einer Schicht Lasagneblätter und einer Schicht Tomaten-Fleisch-Soße abschließen und den geriebenen Emmentaler darüberstreuen.

5. Die Lasagne im vorgeheizten Backofen 30–35 Minuten backen. Damit der Käse nicht zu dunkel wird, kann man während den letzten 10 Minuten die Form mit einem Stück Alufolie abdecken.

Spitzkohlrouladen mit Schinken

Zutaten:

Für 6 Personen

1 kg Spitzkohl
1 Schalotte
2 Eier
2 EL Paniermehl
400 g Beefsteakhack
6 Scheiben Schinkenspeck
3 EL Margarine
250 ml Gemüsebrühe
1 TL Tomatenmark
250 g Schmand
2 EL dunkler Soßenbinder
gemahlene Muskatnuss
Salz, Pfeffer

Zubereitung:

1. Die Blätter vom Spitzkohl abschneiden und in kochendem Wasser ca. 3 Minuten blanchieren, sofort in kaltes Wasser legen und anschließend auf einem Sieb abtropfen lassen. Die Schalotte abziehen und fein würfeln.

2. Die Eier und das Paniermehl miteinander verrühren, mit Salz, Pfeffer und Muskatnuss würzen. Die Schalotten und das Hackfleisch dazugeben und alles zu einer Masse verkneten.

3. Das Hackfleisch in 6 Portionen teilen und jede Hackfleischportion in 2 bis 3 übereinander gelegte Kohlblätter wickeln. Jede Roulade mit einer Speckscheibe umwickeln und mit Küchengarn festbinden.

4. 2 EL Margarine in einer Pfanne erhitzen, die Rouladen darin von allen Seiten schön braun anbraten und mit der Brühe ablöschen. Das Tomatenmark dazugeben und die Spitzkohlrouladen mit Deckel ca. 1 Stunde garen. Nach ca. 45 Minuten den Schmand dazugeben und weitere 15 Minuten garen.

5. In der Zwischenzeit den restlichen Kohl in Streifen schneiden und mit der restlichen Margarine in einer Pfanne mit Deckel schmoren.

6. Die Rouladen aus dem Bratfond nehmen, das Küchengarn entfernen und die Rouladen warm stellen. Die Soße mit dem Soßenbinder verrühren. Die Kohlstreifen unterrühren, mit Salz und Pfeffer abschmecken und mit den Rouladen servieren.

Spitzkohlpfanne

30 Minuten

Zutaten:

Für 4 Personen

800 g Spitzkohl
1 große Zwiebel
1 Knoblauchzehe
250 g Schinkenspeck
1 Bund Petersilie
200 ml Gemüsebrühe
1 EL heller Soßenbinder
1 TL unbehandelte Orangenzesten
Salz, Pfeffer

Zubereitung:

1. Den Spitzkohl putzen, grob zerschneiden und waschen. Gut abtropfen lassen. Die Zwiebel und den Knoblauch abziehen und würfeln. Den Schinkenspeck in Würfel schneiden.

2. Den Schinkenspeck in einer großen Pfanne anbraten. Die Zwiebeln, den Knoblauch und den Spitzkohl dazugeben und ca. 10 Minuten braten. Mit Salz und Pfeffer würzen.

3. Die Petersilie waschen, trocken schütteln und fein hacken.

4. Die Gemüsebrühe zum Spitzkohl geben und aufkochen. Den Soßenbinder einrühren und unter Rühren 1 Minute köcheln lassen. Die Petersilie unterrühren und die Spitzkohlpfanne mit Orangenzesten bestreut servieren.

70 Minuten

Gefüllte Spitzkohlknöllchen

Zutaten:

Für 4 Personen

Für die Knöllchen:
400 g mehligkochende Kartoffeln
1 EL Butter
50 ml Milch
1 Spitzkohl
½ Bund Schnittlauch
½ Bund Petersilie
50 g Walnusskerne
200 g Quark
50 g frisch geriebener Hartkäse
einige Butterstückchen
gemahlene Muskatnuss
Salz, Pfeffer

Für die Karotten:
1–2 Bund feine Bundkarotten
2 Schalotten
1 EL Pflanzenöl
1 EL Zucker
250 ml Gemüsebrühe
200 ml süße Sahne
1 TL Abrieb einer unbehandelten Zitrone
2 TL Zitronensaft
1 EL Speisestärke
Salz, Pfeffer

Zubereitung:

1. Die Kartoffeln ca. 25 Minuten garen, abgießen, pellen und in einer Schüssel zerstampfen. Mit der Butter und der Milch verrühren.

2. Den Spitzkohl waschen, die Blätter vom Strunk lösen und die Blattrippen flach schneiden. Die Spitzkohlblätter in sprudelndem Salzwasser etwa 2 Minuten blanchieren, danach in kaltem Wasser abschrecken und trocken tupfen.

3. Den Schnittlauch und die Petersilie waschen und fein hacken. Die Walnusskerne in einer Pfanne ohne Fett goldbraun rösten und hacken. Den Quark, den Hartkäse, die Walnusskerne sowie die Kräuter unter den Kartoffelstampf rühren. Mit Salz, Pfeffer und Muskatnuss abschmecken.

4. Den Backofen auf 200 °C (Umluft 180 °C) vorheizen. Je ein Spitzkohlblatt in eine kleine Kelle drücken und 2–3 EL der Füllung hineingeben. Die Enden der Blätter überschlagen, sodass eine Kugel entsteht. Die Spitzkohlknöllchen in eine gefettete Auflaufform setzen, jeweils mit einem Stück Butter belegen und im vorgeheizten Backofen ca. 10 Minuten backen.

5. Die Karotten putzen, schälen, waschen und je nach Größe längs halbieren. Die Schalotten abziehen und fein würfeln.

6. Das Öl in einer hohen Pfanne erhitzen, die Karotten und die Schalotten zugeben und mit dem Zucker karamellisieren. Die Brühe angießen und die Karotten ca. 7 Minuten garen. Die Sahne zugeben und weitere 3 Minuten kochen lassen. Den Zitronenabrieb und den Zitronensaft zu den Karotten geben. Nach Belieben mit Speisestärke binden. Mit Salz und Pfeffer abschmecken und mit den Spitzkohlknöllchen anrichten.

75 Minuten

Steckrüben mit Gulasch

Zutaten:

Für 4 Personen

1 kg Steckrüben
500 g Rindergulasch
2 EL Pflanzenöl
1 Päckchen Bratensoße
1 Gewürzgurke
1 TL Senf
Zucker
Salz, Pfeffer
einige Kräuter zum Garnieren

Zubereitung:

1. Die Steckrüben schälen und waschen, zuerst in Scheiben, dann in ca. 2 cm große Würfel schneiden. Das Rindfleisch im heißen Öl rundherum anbraten, 500 ml Wasser dazugießen und aufkochen. Den Beutelinhalt Bratensoße einrühren.

2. Die Steckrübenwürfel zum Gulasch geben und zugedeckt bei schwacher Hitze ca. 60 Minuten schmoren. Ab und zu umrühren.

3. Die Gewürzgurke in Scheiben schneiden und dazugeben. Das Gulasch mit Senf, Zucker, Salz und Pfeffer abschmecken. Nach Belieben mit Kräutern garniert servieren.

Steckrübensalat

25 Minuten

Zutaten:

Für 4 Personen

500 g Steckrüben
1 rote Paprikaschote
150 g Kasseler Aufschnitt
1 EL gehackte Salatkräuter
1 EL Zitronensaft
1 EL Walnussöl
Salz

Zubereitung:

1. Die Steckrüben schälen, waschen, zuerst in dünne Scheiben, dann in feine lange Streifen schneiden. Die Steckrübenstreifen in kochendem Salzwasser 1–2 Minuten kochen, in einem Sieb abgießen, abtropfen und abkühlen lassen.

2. Die Paprikaschote waschen, putzen, halbieren, entkernen und in dünne Streifen schneiden oder hobeln. Den Kasseler Aufschnitt in dünne Streifen schneiden.

3. Die Salatkräuter mit dem Zitronensaft und dem Walnussöl verrühren und mit den vorbereiteten Zutaten mischen.

Tipp:

Wer gern Nüsse isst, hackt Walnusskerne grob, röstet sie in einer Pfanne ohne Zugabe von Fett an und streut sie noch warm ganz zum Schluss über den Salat.

Tomatensuppe mit Hackbällchen

Zutaten:

Für 4 Personen

1 Zwiebel
1 Knoblauchzehe
3 EL Pflanzenöl
500 g pürierte Tomaten
500 ml Fleischbrühe
½ TL getrockneter Oregano
50 ml süße Sahne
250 g gemischtes Hackfleisch
½ TL Paprikapulver edelsüß
Zucker
Salz, Pfeffer
Kräuter zum Garnieren

Zubereitung:

1. Die Zwiebel abziehen und klein würfeln. Den Knoblauch abziehen. Die Zwiebel in einem Topf in 1 Esslöffel heißem Pflanzenöl glasig dünsten. Den Knoblauch durch die Presse drücken, zugeben und kurz mitdünsten.

2. Die pürierten Tomaten und die Fleischbrühe zufügen und unter Rühren aufkochen. Die Suppe mit dem Oregano, Pfeffer und Zucker abschmecken und mit der Sahne verfeinern.

3. Das Hackfleisch mit dem Paprikapulver, Salz und Pfeffer würzen und ca. 16 kleine Bällchen formen. Die Hackbällchen in dem restlichen Öl 8–10 Minuten braten. Die Suppe mit den Hackbällchen und mit Kräutern garniert servieren.

Gefüllte Tomaten

60 Minuten

Zutaten:

Für 4 Personen

100 g Langkornreis
4 Fleischtomaten
200 g Hähnchenbrustfilet
1 Frühlingszwiebel
1 Knoblauchzehe
80 g Frischkäse
1 EL Tomatenmark
1 TL getrockneter Oregano
gemahlene Muskatnuss
Salz, Pfeffer

Zubereitung:

1. Den Reis nach Packungsanweisung zubereiten. Den Backofen auf 180 °C (Umluft 160 °C) vorheizen.

2. Die Tomaten waschen, den Deckel abschneiden, die Kerne entfernen und das Fruchtfleisch aushöhlen und klein schneiden. Das Hähnchenbrustfilet waschen, trocken tupfen und in kleine Würfel schneiden. Die Frühlingszwiebel putzen, waschen und in feine Ringe schneiden. Den Knoblauch abziehen und klein hacken.

3. Den Reis, das Tomatenfruchtfleisch, das Hähnchenbrustfilet, die Frühlingszwiebel, den Knoblauch, den Frischkäse, das Tomatenmark und den Oregano vermischen. Die Tomaten von innen mit Salz und Pfeffer würzen und mit der Masse füllen. Den Deckel auflegen, die gefüllten Tomaten in eine backofenfeste Form setzen und im vorgeheizten Backofen 20–30 Minuten garen.

45 Minuten

Topinambursuppe

Zutaten:

Für 3–4 Personen

500 g Topinambur
2 Kartoffeln
1 Zwiebel
1 Knoblauchzehe
50 g Margarine
500 ml Gemüsebrühe
250 ml süße Sahne
gemahlene Muskatnuss
Salz, Pfeffer
etwas Rosmarin

Zubereitung:

1. Die Topinamburknollen schälen, waschen, in Scheiben schneiden und in einen Topf mit Zitronenwasser legen. Die Kartoffeln schälen, waschen und in kleine Würfel schneiden. Die Zwiebel und den Knoblauch abziehen und fein würfeln.

2. In einem Topf die Margarine erhitzen. Die Topinamburscheiben, die Kartoffelwürfel, die Zwiebeln und den Knoblauch darin andünsten. Mit der Gemüsebrühe auffüllen und ca. 30 Minuten garen.

3. Die Suppe pürieren, die Sahne unterrühren und mit Muskatnuss, Salz und Pfeffer abschmecken. Nach Belieben mit Rosmarinzweigen dekorieren und mit Topinambur-Chips (siehe Tipp gegenüberliegende Seite) servieren.

Topinamburauflauf

50 Minuten

Zutaten:

Für 4 Personen

800 g Topinambur
etwas Zitronensaft
1 Zehe Knoblauch
1 EL Butter
250 ml süße Sahne
200 ml Milch
100 g geriebener Käse
(z. B. Emmentaler oder Greyerzer)
gemahlene Muskatnuss
Salz, Pfeffer

Zubereitung:

1. Den Backofen auf 200 °C (Umluft 180 °C) vorheizen.

2. Die Topinamburknollen schälen, waschen, in dünne Scheiben schneiden und in einen Topf mit Zitronenwasser legen. Den Knoblauch abziehen und halbieren. Eine Auflaufform erst mit den Schnittflächen der Knoblauchzehe und dann mit der Butter einreiben. Die Topinamburscheiben in die Auflaufform schichten.

3. Die Sahne und die Milch mit Muskatnuss, Salz und Pfeffer würzen und über dem Topinambur verteilen. Im Backofen ca. 20 Minuten backen. Dann den geriebenen Käse darüberstreuen und ca. 15 Minuten weiterbacken. Dazu passt ein frischer grüner Salat.

Tipp:

Kaufen Sie etwas mehr Topinambur und bereiten Sie selbst gemachte Chips zu: Topinambur in dünne Scheiben schneiden, in der Fritteuse goldbraun backen und danach salzen.

40 Minuten

Weißkohleintopf mit Knödeln und Hack

Zutaten:

Für 4 Personen

2 Zwiebeln
800 g Weißkohl
2 EL Pflanzenöl
400 g Rinderhackfleisch
1 EL Zucker
1 TL gemahlener Kümmel
1 EL Mehl
1 l Fleischbrühe
1 Beutel Mini-Kartoffelknödel
200 ml süße Sahne
gehackte Petersilie
Salz, Pfeffer

Zubereitung:

1. Die Zwiebeln abziehen und in feine halbe Ringe schneiden. Den Weißkohl waschen, putzen, halbieren, den Strunk herausschneiden und den Kohl in feine Streifen schneiden.

2. Das Öl in einem Topf erhitzen. Das Hackfleisch darin anbraten. Die Zwiebel- und Kohlstreifen, den Zucker und den Kümmel zugeben, mit dem Mehl bestäuben und etwa 3 Minuten braten.

3. Die Fleischbrühe zugießen und 10 Minuten garen. Dann die Miniknödel zugeben und bei mittlerer Hitze weitere 15 Minuten köcheln lassen. Die Sahne unterrühren, mit Salz und Pfeffer abschmecken und mit gehackter Petersilie bestreut servieren.

Weißkohl süß-sauer mit Rostbratwürstchen

70 Minuten

Zutaten:

Für 4 Personen

1 Weißkohl (ca. 800 g)
4 EL Pflanzenöl
20 Mini-Rostbratwürstchen
2 Lorbeerblätter
300 ml Fleischbrühe
1–2 TL Kümmel
200 ml Malzbier
2–3 EL Weißweinessig
4 EL Speisestärke
750 g Kartoffeln, vorwiegend festkochend
gehackte Petersilie
Zucker
Salz, Pfeffer

Zubereitung:

1. Den Weißkohl waschen, putzen und in feine Streifen schneiden. Mit etwas Salz bestreuen, kurz stampfen und 15 Minuten ruhen lassen. 3 EL Öl erhitzen und den Weißkohl darin ca. 20 Minuten schmoren. Mit Salz und Pfeffer würzen.

2. Das restliche Öl in einer Pfanne erhitzen. Die Rostbratwürstchen darin ringsum braten, dabei die Lorbeerblätter zugeben. Die Würstchen aus der Pfanne nehmen und warm stellen. Den Bratensatz mit der Fleischbrühe ablöschen. Den Kümmel zugeben, das Malzbier und den Weißweinessig hinzufügen. Die Speisestärke einrühren und 1 Minute kochen lassen. Mit Salz, Pfeffer und einer Prise Zucker abschmecken.

3. Die Kartoffeln schälen, waschen, halbieren und im Salzwasser 20–25 Minuten kochen. Die Kartoffeln abgießen. Die Würstchen auf dem Weißkohl anrichten und nach Belieben mit Petersilie bestreuen. Die Soße und die Kartoffeln separat dazu reichen.

80 Minuten

Wirsingrouladen mit Petersiliensoße

Zutaten:

Für 4 Personen

1 Wirsing (ca. 800 g)
1 Zwiebel
½ Brötchen
350 g gemischtes Hackfleisch
1 Ei
2 EL Margarine
½ Bund Petersilie
10 g Ingwer
250 ml süße Sahne
Salz, Pfeffer

Zubereitung:

1. Den Wirsing waschen, den Strunk abschneiden und die welken Blätter entfernen. Den Wirsing in einen Topf legen, 2 Teelöffel Salz und so viel Wasser dazugeben, dass er halb bedeckt ist. Den Deckel auflegen, das Wasser aufkochen und bei sehr schwacher Hitze ca. 10 Minuten ziehen lassen.

2. Die Zwiebel abziehen und fein würfeln. Das Brötchen 3–4 Minuten in Wasser einweichen, ausdrücken, zerpflücken und mit dem Hackfleisch, der Zwiebel, dem Ei, ½ TL Salz und Pfeffer vermengen.

3. Den Wirsing aus dem Topf nehmen, abtropfen lassen (das Kochwasser wird noch gebraucht) und abkühlen lassen. 8–12 große Blätter ablösen und jeweils 2–3 Blätter überlappend auslegen. Jeweils ein Viertel der Hackmasse daraufgeben, zu einer dicken Rolle formen, die Kohlblätter seitlich einschlagen, dann fest aufrollen und mit Küchengarn umwickeln.

4. Die Margarine in einem Topf erhitzen, die Rouladen dazugeben und rundherum kurz anbraten. Dann mit dem Kohlwasser bedecken und zugedeckt bei mittlerer Hitze etwa 30 Minuten schmoren. Inzwischen die Petersilie waschen, trocken schütteln, die Blätter abzupfen und fein hacken. Den Ingwer schälen und fein würfeln.

5. Die Rouladen aus dem Topf nehmen, abtropfen lassen und das Garn entfernen. Die Kochflüssigkeit abgießen, dabei 150 ml auffangen. Mit der Sahne wieder in den Topf geben, verrühren und kurz aufkochen. Die Petersilie und den Ingwer einrühren und mit Salz und Pfeffer abschmecken. Die Wirsingrouladen in der Soße servieren. Dazu schmecken Salzkartoffeln.

Tipp:

Die Wirsingrouladen schmecken auch sehr gut als vegetarische Variante: Ersetzen Sie einfach das Hackfleisch durch die gleiche Menge vorgegarten und gewürzten Reis.

55 Minuten

Wirsingeintopf

Zutaten:

Für 4 Personen

1 Wirsing (ca. 800 g)
300 g Karotten
300 g Kartoffeln
2 Petersilienwurzeln
1 Zwiebel
1 Knoblauchzehe
2 EL Pflanzenöl
1 l Gemüsebrühe
200 g Schinkenspeck
gehackte Petersilie
Salz, Pfeffer

Zubereitung:

1. Den Wirsing putzen, waschen, vom Strunk befreien und in Stücke schneiden. Die Karotten, die Kartoffeln und die Petersilienwurzeln putzen, schälen, waschen und in mundgerechte Stücke schneiden. Die Zwiebel und die Knoblauchzehe abziehen und klein würfeln.

2. In einem großen Topf das Öl erhitzen und die Zwiebel- und Knoblauchwürfel darin andünsten. Die Gemüsestücke dazugeben, kurz mitdünsten und mit der Gemüsebrühe auffüllen. Den Eintopf bei kleiner Hitze 20–30 Minuten garen.

3. Den Speck in Stücke schneiden und in einer Pfanne auslassen. Den Eintopf mit der Petersilie bestreuen, mit Salz und Pfeffer würzen und zusammen mit dem Schinkenspeck servieren.

Wirsinggemüse mit Rotbarsch

Zutaten:

Für 4 Personen

8 Kartoffeln
2 Zwiebeln
4 Karotten
1 Wirsing (ca. 800 g)
3 EL Pflanzenöl
300 ml Gemüsebrühe
150 ml Milch
800 g Rotbarschfilet
2 EL Zitronensaft
2 EL Mehl
gemahlene Muskatnuss
Salz, Pfeffer

Zubereitung:

1. Die Kartoffeln schälen, waschen und ca. 20 Minuten in Salzwasser garen, dann abschütten. Inzwischen die Zwiebeln und die Karotten putzen und würfeln. Den Wirsing putzen, waschen und in Streifen schneiden.

2. 1 Esslöffel Öl in einem Topf erhitzen und die Zwiebelwürfel darin glasig dünsten. Die Karotten und den Wirsing zufügen und mitdünsten. Mit der Brühe ablöschen und ca. 5 Minuten zugedeckt köcheln lassen. Die Milch zugießen und mit Muskatnuss, Salz und Pfeffer würzen.

3. Das Fischfilet waschen, trocken tupfen und mit dem Zitronensaft säuern. Dann salzen und in Mehl wenden. Das restliche Öl in einer Pfanne erhitzen und den Fisch darin von beiden Seiten jeweils ca. 2 Minuten goldbraun braten. Das Wirsinggemüse zusammen mit dem Rotbarsch und den Kartoffeln servieren.

Register

Genehmigte Lizenzausgabe
EDITION XXL GmbH
Industriestraße 19
64407 Fränkisch-Crumbach 2017
www.edition-xxl.de

Idee und Projektleitung: Sonja Sammüller
Layout, Satz und Umschlaggestaltung:
design cat GmbH

ISBN (13) 978-3-89736-199-7

Bildnachweis
Wir danken folgenden Firmen für ihre freundliche Unterstützung:
Unilever Deutschland GmbH, Hamburg
- Becel 16, 79
- Knorr 10, 12, 17, 19, 33–35, 37–39, 48–49, 51, 57, 59, 61, 68–71
- Mondamin 8–9, 41, 65, 75
- Pfanni 15, 67, 74
- Rama 11, 14, 20–21, 24–25, 27–28, 30–31, 40, 43, 46–47, 50, 56, 64, 77

Shutterstock: Africa Studio 7; Andrew Scherbackov 4–10–12, 14–17, 19–28, 30–31, 33–51, 53, 55–59, 61–62, 64, 67–75, 77–79 ; BestStockFoto 4; Bildagentur Zoonar GmbH 6; Brent Hofacker 23; CGissemann 58; Dani Vincek 5, 22, 72; Gow27 8–11, 13–18, 20–27, 29–32, 34–52, 54, 56–60, 63–66, 68–76, 78–79; hrk422 6; Magnago 73; Martin Turzak 78; primopiano 4–5; Nella 5–6, 10, 12, 19, 22–23, 25–28, 33–36, 38, 40, 42–46, 49, 51–53, 55, 58, 61–62, 64–65, 69, 73, 77

Alle weiteren Fotos: design cat GmbH

Saisonkalender

Gemüse	Jan.	Feb.	März	April	Mai	Juni	Juli	Aug.	Sept.	Okt.	Nov.	Dez.
Blumenkohl					■	■	■	■	■	■	■	
Bohnen						■	■	■	■	■		
Brokkoli					■	■	■	■	■	■	■	
Erbsen					■	■	■	■	■			
Fenchel						■	■	■	■	■	■	
Grünkohl	■	■							■	■	■	■
Gurken						■	■	■	■			
Karotten						■	■	■	■	■	■	
Kartoffeln						■	■	■	■	■	■	
Kohlrabi					■	■	■	■	■	■		
Kürbis									■	■	■	
Lauch				■	■	■	■	■	■	■	■	
Mairübchen						■	■	■	■	■	■	
Mangold					■	■	■	■	■	■	■	
Meerrettich									■	■	■	
Pastinaken								■	■	■	■	